AF565268

REFRESH YOUR GARDEN

Pflanzen und Strukturen erkennen und neu gestalten

WIDMUNG

*Für Katy,
Freddie und Harry*

ulmer

Nick Bailey

REFRESH YOUR GARDEN

Pflanzen und Strukturen erkennen und neu gestalten

Fotografien von Jonathan Buckley

Aus dem Englischen von Claudia Arlinghaus

Die Originalausgabe erschien 2018 in Großbritannien durch Kyle Cathie Limited, Teil der Octopus Publishing Group Limited, London.

Die in diesem Buch enthaltenen Empfehlungen und Angaben sind vom Autor mit größter Sorgfalt zusammengestellt und geprüft worden. Eine Garantie für die Richtigkeit der Angaben kann aber nicht gegeben werden. Autor und Verlag übernehmen keine Haftung für Schäden und Unfälle. Bitte setzen Sie bei der Anwendung der in diesem Buch enthaltenen Empfehlungen Ihr persönliches Urteilsvermögen ein.
Der Verlag Eugen Ulmer ist nicht verantwortlich für die Inhalte der im Buch genannten Websites.

Bibliografische Information der Deutschen Nationalbibliothek
Die Deutsche Nationalbibliothek verzeichnet diese Publikation in der Deutschen Nationalbibliografie; detaillierte bibliografische Daten sind im Internet über http://dnb.d-nb.de abrufbar.

Wollgrasweg 41, 70599 Stuttgart (Hohenheim)
E-Mail: info@ulmer.de
Internet: www.ulmer.de
Lektorat: Antje Krause, Bettina Brinkmann
Herstellung: Katharina Merz
Umschlag-Gestaltung: Claudia Eder – Konzept und Gestaltung, Schönburg
Satz: r&p digitale medien, Echterdingen
Reproduktion: timeRay Visualisierungen, Jettingen
Druck und Bindung: 1010 International Printing Ltd.
Printed in China

ISBN 978-3-8186-0919-1

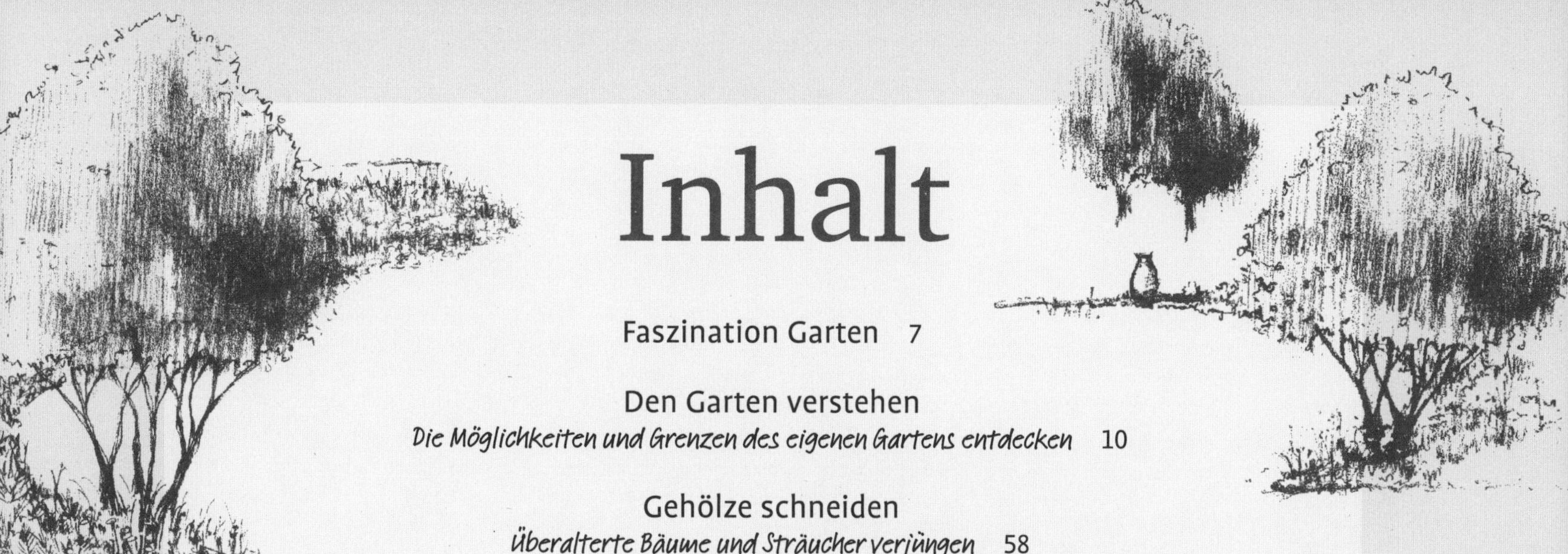

Inhalt

Faszination Garten

Das Spannendste an jedem Garten ist seine unablässige Weiterentwicklung. Kontinuierlich finden kleine Veränderungen statt, die diesen Ort über die Jahre zu etwas Einzigartigem machen. Zwischen den Pflanzen, dem Garten und den Menschen, die ihn liebevoll pflegen und viele dieser Veränderungen bewusst herbeiführen, entsteht ein vielschichtiges, ganz persönliches Beziehungsgeflecht. Bleibt ein solcher Raum, aus welchen Gründen auch immer, eine Zeit lang sich selbst überlassen, setzt jedoch eine ganz andere Entwicklung ein: Die Natur beginnt zurückzuerobern, was der Mensch zuvor sorgsam ordnete. Kräuter sprießen, Baumsamen keimen, Sträucher wuchern wild und zottig, werden bedrängt von neuem Aufwuchs. Irgendwann verwandelt sich das, was einst Garten war, in Wald zurück. Greift man aber beizeiten ein, lassen sich Beete und ganze Gärten zu neuem Leben erwecken.

Seit nahezu 30 Jahren bewahre ich Gärten vor dem Schritt zurück zur Wildnis. Manch ein kleines Reich, das auf gutem Wege dahin war, habe ich zur Umkehr bewegt. Dabei setze ich nicht auf Tabula rasa, sondern ziehe es vor, Vorhandenes zu regenerieren. So lässt sich die besondere Atmosphäre des eingewachsenen Gartens bewahren – ein ausgesprochen befriedigendes Gefühl. Sobald ich Pflanzen, Böden und Gartenelementen, die jahrelang auf sich gestellt waren, ein wenig Zuwendung zukommen lasse, bereitet dies nicht nur mir Freude, sondern wird von der gesamten Anlage und ihren Gewächsen zigfach gelohnt.

Eine Gartengrundrenovierung mag auf den ersten Blick überwältigend erscheinen, doch sie lässt sich in machbare Schritte unterteilen. Haben Sie einen eingewachsenen Garten vom Vorbesitzer übernommen, sollten Sie sich vor dem ersten Handschlag unbedingt Zeit nehmen, den Raum mit seinen Eigenheiten und allen Details zu erfassen. Den perfekten Zeitpunkt, mit der Arbeit zu beginnen, gibt es nicht; je länger Sie warten, desto besser können Sie Ihr Grundstück beurteilen. Damit möchte ich keinesfalls für unnötiges Aufschieben plädieren, jedoch für aufmerksames Beobachten. Macht man sich im ausgehenden Winter mit Übereifer an die Arbeit, können wertvolle ruhende Zwiebelblüher vernichtet werden. Andererseits lassen sich etliche Sträucher später im Jahr nicht mehr auf den Stock setzen oder umpflanzen. Entscheidend ist also, wie lange Sie zu warten gewillt sind und wie wichtig Ihnen der vorhandene Pflanzenschatz ist. Von Bedeutung ist außerdem, welche Arbeiten Sie eigenhändig ausführen wollen. Sowohl das Portemonnaie als auch der Spaß an der Freud sind gute Gründe, die Ärmel hochzukrempeln und selbst anzupacken. Manche Maßnahmen, darunter umfangreiche Baumschnitt- und Pflasterarbeiten, gehören in die Hand des Profis. Der überwiegende Teil der Aufgaben aber, die ich im Folgenden vorstelle, lässt sich ohne sonderliche Erfahrung in Eigenregie bewerkstelligen.

Auf dem Weg zu Ihrem neuen alten Garten nehme ich Sie Schritt für Schritt an die Hand und erzähle auch von dem, was ich selbst im Laufe der Jahre erlebt habe. Ob Sie schon Ihr ganzes Leben lang gärtnern oder gerade erst beginnen – ich hoffe, ich kann Ihnen mit vielen Ideen helfen, die Wiedergeburt Ihres Gartens zu feiern.

Die schrittweise Wiedergeburt

1. Prüfen: Was soll bleiben, was soll raus, was lohnt zu retten?

2. Gesundheitscheck: Totholz entfernen, Gehölze überprüfen.

3. Erste Maßnahmen: Zurückschneiden, umsetzen, entfernen.

4. Platz da: Ein- und mehrjähriges Unkraut und Baumsämlinge entfernen.

5. Planung: Wo ist Raum für neue Pflanzen?

6. Pflanzvorbereitung: Den Boden analysieren und verbessern.

7. Neutrieb: Was beizeiten zurückgeschnitten wurde, ist nun schon grün.

8. Fertig: Neue Pflanzen erwecken den Gartenbereich zu neuem Leben!

Die Rechtslage kennen – Seite 16
Pflanzen erkennen – Seite 18
Mikroklimate erkennen – Seite 14
Wichtige Pflanzen erkennen – Seite 32
Den Boden kennen – Seite 29

Den Garten verstehen

Ob Sie einen Garten neu übernommen haben oder Ihren eigenen überarbeiten wollen, die Vorgehensweise bei einer Gartenrenovierung bleibt dieselbe. Wichtig ist zunächst, das, was Ihren Außenraum ausmacht, richtig einzuschätzen. Hier kommt all das ins Spiel, was links im Bild angedeutet ist. Eine gründliche Gartenanalyse ist eine spannende Angelegenheit, bei der es viel zu entdecken gibt, und die beste Voraussetzung, dass die Verwandlung des grünen Reichs in ein Paradies gelingt. Worauf warten wir noch? Lassen Sie uns anfangen!

Erste Schritte der Gartenrenovierung

Einen überalterten Garten zu neuem Leben zu erwecken, ist ein Abenteuer. Dieser Prozess geht weit über ein wenig Kosmetik hinaus – es ist ein komplexer, aber machbarer Ablauf, bei dem das Lohnendste erhalten, überarbeitet und ergänzt wird, bis sich Vergangenheit und Zukunftsversprechen aufs Schönste vermählen. Die Versuchung ist groß, sich direkt auf das zu stürzen, was größte Sichtbarkeit verspricht: Umgestaltungen und radikaler Einsatz von Säge und Astschere. Doch schauen Sie vorher lieber genau hin. Nehmen Sie sich jetzt die Zeit, die Eigenheiten Ihres Gartens zu erkennen. Eine gute Analyse legt den Grundstein, sodass Sie Stärken optimal herausarbeiten können, ohne sich von eventuellen Schwächen einschränken zu lassen. Die folgenden Fragen sind ein erster Ansatz:

Wo ist der sonnigste Gartenbereich?

Wie verändert sich mit dem Laubfall der Blick über die Gartengrenzen?

Eignet sich der Boden für Pflanzen, die zum Beispiel sauren Boden brauchen?

Steht das Gartenhäuschen am richtigen Platz?

Werden aus diesen Sämlingen Gartenblumen oder hartnäckige Unkräuter?

Warum sehen die Pflanzen da hinten so krank aus?

Welche vorhandenen Pflanzen lohnt es zu behalten?

Welche Sträucher lassen sich mit einem Rückschnitt retten?

Sollte man das Pflaster austauschen, reparieren oder ganz hinauswerfen?

Diese und etliche weitere Fragen helfen Ihnen dabei, den Garten gründlich zu analysieren – ein erster, wichtiger Schritt hin zu Ihrem ganz eigenen Gartenreich.

Welche Schätze sich in einem zugewucherten Winkel verbergen, stellt sich oft erst im Laufe des Jahres heraus – geben Sie dem Garten Zeit, bevor Sie sich an die Renovierung machen.

Lage, Mikroklima und Vorschriften

Alle Gärten, die ich je besessen, geleitet, geliebt habe, hatten ihre ganz speziellen Eigenheiten: einen nassen, schattigen Winkel, einen Bereich, in den die Nachbarn direkten Einblick hatten, einen störenden, aber durch die Baumschutzsatzung vor der Axt bewahrten Baum ... Eine Auflistung solcher Details stellt den ersten Schritt auf dem Weg zur Gartenrenovierung dar. Darüber hinaus gilt es, den weiteren Kontext zu bedenken, in dem das Grundstück angesiedelt ist. So kann ein Stadtgarten durch ganz andere Temperaturen und Regenmengen gekennzeichnet sein als ein Garten, der nur 15 km außerhalb des Stadtgebiets liegt. Sollten Sie neu hinzugezogen sein, können die Nachbarn Ihnen etwas zum typischen Wetter der Region sagen; auch das Internet gibt Auskunft. All diese Details, sowohl auf der Makro- als auch auf der Mikroebene, helfen Ihnen, ein Gefühl zu entwickeln für die Stärken und Schwächen Ihres Gartens.

Ausrichtung und Licht sind die bei Weitem wichtigsten Aspekte Ihres Grundstücks. Sie sollten sie daher genau analysieren. Wo Osten liegt, verrät Ihnen die aufgehende Sonne; alles Übrige ergibt sich daraus. Beobachten Sie die Sonnenbahn nach Möglichkeit über mehrere Monate, um herauszufinden, wann der Garten wo optimales Licht hat. Mein eigener Garten beispielsweise liegt nach Nordosten, was im ersten Moment Schlimmes befürchten lässt. Er erhält jedoch morgens fast fünf Stunden volle Sonne; erst um zwei Uhr mittags, wenn die Sonne über dem Haus steht, liegt ein Teil im Schatten. Der hintere Gartenbereich bleibt weiterhin – bis abends – vollsonnig. Dies trifft jedoch nur während der Sommermonate zu; der Winter ist eine völlig andere Sache. In der kalten Jahreszeit ist der Stand der Sonne so niedrig, dass diese den Garten kaum erreicht. Es gibt zwar reichlich indirektes Licht, aber nicht einen direkten Sonnenstrahl. Bei meiner Gartengestaltung und -bepflanzung habe ich diese Eigenheiten des Sonnenverlaufs berücksichtigt. Beobachten auch Sie das Licht auf Ihrem Grundstück, denn das verrät Ihnen, welche Pflanzen wo am besten untergebracht sind. Auch bei der Entscheidung, wo ein neues Gartenelement wie ein Sitzplatz, ein Gewächshaus oder ein Teich angesiedelt werden sollte, helfen Ihnen diese Erkenntnisse.

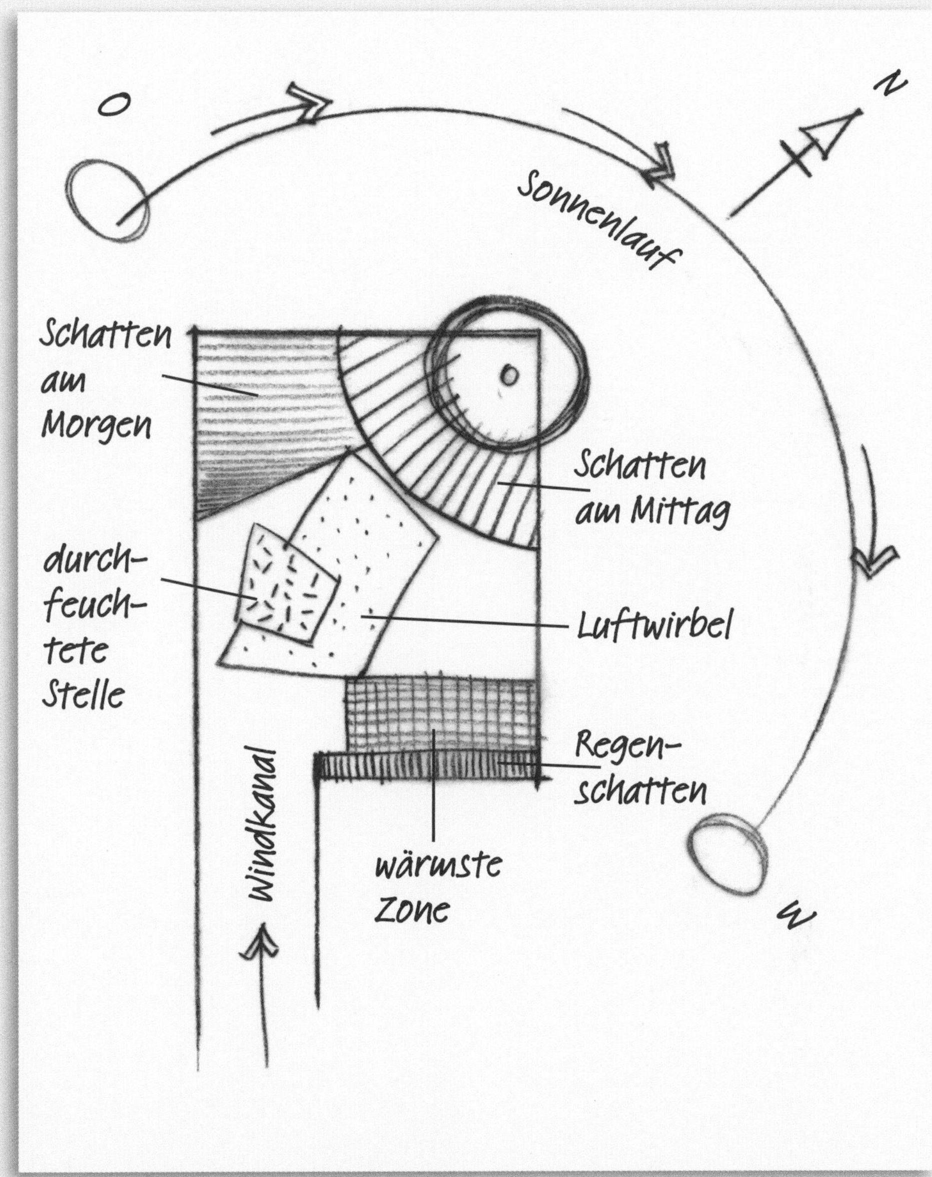

Eine grobe Skizze, aus der hervorgeht, wann die Sonne welchen Bereich ausleuchtet, verdeutlicht, wo der Garten seine Stärken und Schwächen hat. Darüber hinaus lohnt es, darauf zu achten, welche Pflanzen wo im Garten derzeit ganz von selbst gedeihen. Üppig sprießender Farn verweist zumeist auf lichten bis vollen Schatten; aus Samen aufgesprungener Klatsch-Mohn hingegen ist normalerweise in voller Sonne anzutreffen. So verraten Ihnen auch die vorhandenen Pflanzen, wie viel Licht Ihr Garten bekommt.

Nicht minder wichtig als die Sonnenbahn sind unterschiedliche Mikroklimate innerhalb des Gartens. Hierbei handelt es sich um kleinere Bereiche mit einer eigenen, speziellen Kombination aus Lichteinfall, Regenmenge und Wind. Auch diese lassen sich anhand Ihrer Beobachtungen und der dort gedeihenden Pflanzen identifizieren – so erweist sich ein geschützter Bereich an einer nach Süden weisenden Wand typischerweise als heiß und trocken, während das Kleinklima an einer Nordwand in Wassernähe kühl und schattig ist. Auch diese Angaben sollten Sie in Ihrer Skizze vermerken.

Auch der Wind will als Mikroklima beeinflussender Faktor bedacht sein. Spazieren Sie an windigen Tagen durch den Garten und um das Haus, und achten Sie dabei auf „Windtunnel". Meist sind dies schmale Bereiche, durch die der Wind aufgrund der Verengung mit deutlich erhöhter Geschwindigkeit fegt. Ist der Garten durch eine Mauer oder einen Bretterzaun geschützt, findet sich auf der windabgewandten Seite in einigen

Metern Abstand – abhängig von der Höhe der Begrenzung – häufig ein Bereich, wo der über das Hindernis gelenkte Luftstrom verwirbelt.

Wichtig sind auch die jeweiligen Regenmengen. Auch wenn Sie in einer regenreichen Region wohnen, beeinflussen Baulichkeiten und Bäume direkt, wie viel Wasser in die einzelnen Gartenbereiche gelangt. Der Regenschatten einer Wand oder Mauer sorgt für ein schwieriges Mikroklima. Hierbei handelt es sich um einen Bodenstreifen direkt am Mauerfuß, an den nur höchst selten Regen gelangt. In Kombination mit der durch die Wand abgestrahlten Wärme ergibt sich eine ziemlich große (aber lösbare) gärtnerische Herausforderung.

Weitere Mikroklimate, die Sie auf Ihrer Skizze notieren sollten, sind nach Osten oder Westen weisende Mauern – der angrenzende Bereich liegt einen halben Tag in der Sonne, einen halben im Vollschatten. Zu markieren sind darüber hinaus sehr geschützte Bereiche, außerdem feuchte Schattenlagen und heiße, trockene Böden sowie trockener Baumschatten. Letztgenannte Areale sind bei Weitem kein Grund zum Verzweifeln, denn für fast jede Situation gibt es passende Pflanzen – im Kapitel „Mit Pflanzen aufpeppen" (Seite 160) finden sich für all diese besonderen Kleinklimazonen Pflanzvorschläge.

HINDERNISSE

Neben den Stärken und Schwächen, die jeden Garten in den Bereichen Pflanzen, Boden und Mikroklima charakterisieren, gibt es eine Reihe wichtiger, möglichst frühzeitig abzuklärender Punkte. Dabei handelt es sich um ebenso langweilige wie unvermeidliche Dinge wie der Verlauf von Versorgungsleitungen, Naturschutzbestimmungen und Nachbarschaftsrecht. Niemand setzt sich gern damit auseinander. Und doch ist es wesentlich besser, Sie machen sich gleich zu Anfang schlau, als wenn Sie warten, bis Sie auf ein nicht auszuräumendes Hindernis stoßen, während Sie bereits tatkräftig umgestalten.

An erster Stelle stehen Versorgungsleitungen – und zwar nicht nur für Ihr eigenes Haus und Ihre Garteneinrichtungen, sondern eventuell auch solche für benachbarte Grundstücke. Darunter fallen Stromleitungen, Telefon- und Datenkabel, Wasser- und Gasleitungen, Abwasser- und Entwässerungsrohre, Sickergruben und -schächte sowie Bewässerungssysteme. Mit Glück findet sich unter den Hausunterlagen ein Leitungsplan. Sollte dies nicht der Fall sein, kontaktieren Sie das Bauamt Ihrer Gemeinde und die Netzbetreiber von Strom und Gas Ihrer Region und bitten dort um Auskunft. Alternativ können Sie nah am Haus – dort, wo Kabel und Rohre nach außen geführt werden – den Boden vorsichtig aufgraben, um herauszufinden, in welche Richtung die Leitungen weiterlaufen. Allerdings habe ich selbst erlebt, dass nichts davon funktionierte. Letztlich half ein Wünschelrutengänger! Fragen Sie mich nicht, wie oder warum dies funktioniert, ich kann nur sagen: In meinem Fall hat es geklappt. Es gibt außerdem Firmen, die mit speziellen Ortungsgeräten Gasleitungen, Rohre und Kabel im Boden aufspüren. Zugegeben, dieser ganze Prozess ist alles andere als spannend, aber die Reparaturkosten für eine beschädigte Leitung können in die Tausende gehen, und dieses Geld lässt sich im Garten auf viel schönere Weise anlegen!

Maßnahmen an großen Bäumen werden am besten einem Landschaftsgärtner oder einem anderen Profi überlassen.

Der nächste Punkt auf der Liste langweiliger, aber notwendiger Aufgaben ist die Klärung, ob Ihr Grundstück irgendwelchen Nutzungsbeschränkungen unterliegt. Das können Baumschutzregelungen sein, Vorschriften, die sich ergeben, falls Ihr Grundstück in einem Landschaftsschutzgebiet liegt, und eventuell ein Wegerecht. Letzteres erlaubt einer anderen Person einen Weg auf Ihrem Grund und Boden zu nutzen. Da Sie diesen Weg verständlicherweise nicht sperren oder sonst wie unpassierbar machen dürfen, sind Sie hier bei der Gestaltung eingeschränkt. Ihre Hausunterlagen (Kaufvertrag, Grundbuchauszug) sollten bestehende Wegerechte ausweisen; zur Sicherheit können Sie sich beim Grundbuch- und Bauamt erkundigen und nach Einträgen in Grundbuch und Baulastenverzeichnis fragen.

Baumschutzsatzungen dienen dem Schutz meist großer oder alter Bäume, häufig auch besonderer Baumarten, und werden von den jeweiligen Gemeinden erlassen. Ohne Genehmigung dürfen geschützte Bäume weder gefällt noch geschnitten werden; je nach Satzung ist das Entfernen von toten Ästen und Krankheitsherden aber zulässig. Darüber hinaus gibt es teils zeitliche Einschränkungen: So dürfen laut Bundesnaturschutzgesetz beispielsweise Hecken zwischen dem 1. März und 30. September nicht gefällt oder – wie bei Gartenrenovierungen oft nötig – stark geschnitten werden (leichte Pflegeschnitt sind erlaubt). Für Bäume haben viele Gemeinden gleichlautende Vorschriften in ihren Satzungen erlassen. Untersagt ist auch, das Bodenniveau unter einem geschützten Baum signifikant anzuheben oder zu senken, da das zum Absterben des Gehölzes führen kann. Baumschutzsatzungen werden – zu Recht! – sehr konsequent durchgesetzt und Verstöße mit heftigen Geldbußen belegt. Bundes- und Ländergesetze sowie die Satzungen der Gemeinde sind in der Regel online abrufbar.

BAUGENEHMIGUNGEN

Wollen Sie im Garten irgendwelche Bauten errichten, erkundigen Sie sich frühzeitig beim Bauamt, in welchen Fällen eine Baugenehmigung bzw. -anzeige nötig ist. Normalerweise darf man leichte Bauten wie Zäune, Pergolen und Gartenhäuschen bis zu einer bestimmten Größe ohne Genehmigung errichten.

DIE LIEBEN NACHBARN

Ein Faktor, der Ihrer Kreativität Schranken auferlegt, ohne dass Sie daran viel ändern könnten, sind die Nachbargrundstücke. Nachbarfenster, Bäume und Hecken können sich auf Ihren eigenen Garten massiv auswirken. Es lohnt sich, in Ruhe im Garten umherzugehen und zu schauen, welche Bereiche direkt den Blicken der Nachbarn ausgesetzt sind – so lassen sich Sichtschutzmaßnahmen sinnvoll planen. Andererseits entdecken Sie vielleicht einen schönen Ausblick, den Sie bewahren wollen. Denken Sie daran: Gartenein- und -ausblicke verändern sich mit dem Wechsel der Jahreszeiten teils dramatisch, je nachdem, wie sehr das Grundstück und seine Umgebung durch laubabwerfende Gehölze geprägt sind.

Streitpunkt Nummer eins unter Nachbarn sind häufig Zweige, die vom Nachbargrundstück zu Ihnen hinüberragen. Wenn Sie dadurch nachweislich beeinträchtigt werden, können Sie vom Nachbarn die Entfernung der Zweige verlangen. Lässt dieser eine angemessene Frist tatenlos verstreichen, dürfen Sie selber den sogenannten Überhang auf Höhe der Grundstücksgrenze – nicht am Stamm! – abschneiden. Doch Achtung: Fast jedes Bundesland hat ein Nachbarrechtsgesetz erlassen, das diese Regelung unter Umständen weiter präzisiert. In Baden-Württemberg gilt zum Beispiel die Einschränkung, dass Sie bei Obstbäumen nur bis zu einer Höhe von 3 m die Zweige des Nachbarbaums stutzen dürfen. Wie dem auch sei: Bevor Sie Säge und Rechtsschutzversicherung bemühen, suchen Sie zuerst immer das freundliche Gespräch mit Ihrem Nachbarn! Und im zweiten Schritt lässt sich so mancher Zwist oft über von der Gemeinde eingesetzte Schiedsleute außergerichtlich regeln.

Beugen Sie Streit mit den Nachbarn vor, indem Sie geplante Schnitt- und Baumaßnahmen frühzeitig ansprechen.

Wildkraut oder Gartenpflanze?

Die Unterscheidung von Unkraut (oder besser gesagt Wildkräutern) und Pflanzen, die zu behalten sich lohnen, ist oft nicht einfach. Allzu schnell ist man daher versucht, Beete und Rabatten vollständig auszuräumen. Das Unkraut ist man dann auf jeden Fall los, womöglich aber auch etliche unerkannt gebliebene Pflanzenschätze. Außerdem stellt sich wie so oft die Frage: Was ist für mich Unkraut, was nicht? Das ist ein klassisches Beispiel für das Sprichwort „Des einen Eule ist des anderen Nachtigall." Manche Pflanzen, denen ich in den von mir betreuten Gärten gern alle Freiheit ließ, wurden vom nächsten Gärtner prompt ausgemerzt. So ist fast alles Geschmackssache, es gibt nur wenige Gewächse, die so schlimm sind, dass auch der unorthodoxeste Gärtner ihnen nichts abgewinnen kann.

Eine besondere Herausforderung sind Wildkrautsämlinge und -jungpflanzen. Oft lassen sich diese schwer von beliebten Gartenpflanzen unterscheiden, die sich ebenfalls über kriechende Sprosse oder per Aussaat verbreiten. Die folgenden Fotos sollen Ihnen dabei helfen, gängige Wildkräuter zu identifizieren. So können Sie wohlinformiert Ihre Entscheidung treffen, welche Jungpflanze für Sie behaltenswert, welche unerwünscht ist, und entsprechend jäten. Manchmal ist übrigens das Handjäten wenig sinnvoll – dann nämlich, wenn Unkraut allzu dicht neben einer Pflanze sitzt, die Sie behalten möchten. Will man etwa eine Taubnessel neben einem Vergissmeinnicht ausreißen, so kann es passieren, dass dabei auch das Vergissmeinnicht so stark gelockert wird, dass es nicht überlebt. Hier ist es besser, das unerwünschte Kraut basisnah abzuschneiden. Mehrjährige Unkräuter, die danach wieder austreiben, entfernen Sie einfach zu einem späteren Zeitpunkt, diesmal mitsamt Wurzel. Diverse Methoden, unterschiedliche Wildkräuter in den Griff zu bekommen, werden ab Seite 92 vorgestellt.

1
2
3
4
5
6
7
8
9
10
11
BEHALTEN
1. Veilchen
2. Storchschnabel
3. Schneeglöckchen
4. Lungenkraut
5. Akelei
6. Krokus
7. Christrose
JÄTEN
8. Ampfer
9. Knoblauchs-
rauke
10. Labkraut
11. Gänsedistel

1
2
3
4
5
6
7
8
9
BEHALTEN
1. Maiglöckchen
2. Efeu
3. Mohn
4. Hänge-Segge
JÄTEN
5. Weidenröschen
6. Greiskraut
7. Ruprechts-
kraut
8. Schaumkraut
9. Esche

1
2
3
4
5
6
7
8
9
10
BEHALTEN
1. Ital. Aronstab
2. Vergissmeinnicht
3. Frühl.-Platterbse
4. Falsche Alraunen-
wurzel
5. Christrose
JÄTEN
6. Knoblauchs-
rauke
7. Nelkenwurz
8. Brombeere
9. Berg-Ahorn
10. Ampfer

BEHALTEN

1. Dreikantiger Lauch

JÄTEN

2. Taubnessel
3. Schaumkraut
4. Greiskraut
5. Vogelmiere
6. Wolfsmilch
7. Hornkraut

Schädlinge und Krankheiten erkennen und behandeln

In jedem Garten findet sich eine eigene Menagerie an Schädlingen und Krankheitserregern – manche eher harmlos, andere eine echte Gefahr für die Pflanzen. Es ist hilfreich, verbreitete Schädlinge und Krankheiten sofort einordnen zu können. Leidet eine Staude beispielsweise unter Thripsen, die den Pflanzensaft saugen, können Sie sie zurückschneiden, und sie wird sich erholen. Derselbe Schädling an einem älteren Strauch hingegen kann eine Katastrophe bedeuten. Die folgende kleine Einführung soll Ihnen dabei helfen, den Gesundheitszustand der Pflanzen in Ihrem Garten zu beurteilen, damit Sie entscheiden können, ob eine Rettung möglich ist oder nicht.

KRANKHEITEN

Hallimasch

Dieser sich über den Boden verbreitende Pilz befällt Gehölze aller Art. Zeigen sich die ersten honigfarbenen Fruchtkörper an der Basis eines Gehölzes, so ist dieses bereits verloren. Gegen die tödliche Infektion lässt sich nichts unternehmen; man kann nichts tun, außer zu beobachten. Der Hallimasch befällt ausschließlich Bäume und Sträucher.

Phytophthora

Phytophthora bezeichnet eine Gattung von Pflanzenschädlingen, die am häufigsten an Gehölzen auf Feuchtstandorten auftreten. Erste Anzeichen sind abgestorbene Stamm- und Triebteile mit dunklen Stellen unter der Rinde; häufig sind ganze Kronenteile tot. Beobachten Sie die Pflanze; im schlimmsten Fall hilft nur das Roden.

Echter Mehltau

Diese Pilzinfektion verursacht selten bleibenden Schaden, verweist jedoch auf mangelnde Gesundheit. Echter Mehltau liegt als weißgrauer pudriger Belag auf dem Blatt; er kann alles befallen, von Rasen über Stauden bis zu Gehölzen. Als Sofortmaßnahme sollten befallene Pflanzenteile herausgeschnitten werden. Wer möchte, kann Pflanzenschutzmittel einsetzen.

Rosenrost und Sternrußtau

Diese beiden Pilzinfektionen sind der Fluch der Rosen. Sie zeigen sich in Form deutlicher schwarzer Flecken, häufig mit gelbem Rand oder orangefarbenem Belag. Spritzungen zur Vorbeugung und Behandlung sind in beiden Fällen möglich; die beste Vorbeugung jedoch ist gute Pflege sowie das Entfernen und Vernichten von Falllaub im Herbst. Keine der beiden Infektionen ist für die Rose tödlich.

Rotpustelkrankheit

Diese Pilzinfektion befällt Gehölze. Am häufigsten zeigt sie sich an abgestorbenem Holz, kann von dort jedoch auch auf lebende Pflanzenteile – oft über Verletzungen – übergehen. Zu erkennen ist der Pilz an rostroten Stippen auf der Rinde. Da es kein Gegenmittel gibt, müssen Sie befallene Teile bis weit ins gesunde Holz zurückschneiden und entsorgen. Geben Sie acht, wenn Sie krankes Schnittgut aus einem Strauch herausziehen, die Gefahr der Übertragung ist groß.

SCHÄDLINGE

Dickmaulrüssler

Die Larven dieses Käfers fressen die Wurzeln bestimmter Stauden, darunter Purpurglöckchen, Bergenien und Alpenveilchen, während die Käfer charakteristische Fraßspuren an Blatträndern hinterlassen. Behalten Sie anfällige Pflanzen im Blick und bringen Sie bei Bedarf mehrmals im Jahr Nematoden aus. Diese mikroskopisch kleinen Fadenwürmer befallen und töten die Käferlarven und unterbrechen so den Fortpflanzungszyklus.

Mangelerscheinungen

Rötliche oder gelbe Blattverfärbungen, gelbe Blattadern oder ganze Blätter, gescheckte Blattspreiten und braune Blattränder sind Hinweise auf eine mögliche Mangelversorgung. Informieren Sie sich als ersten Schritt, wie eine optimale Nährstoffversorgung der betroffenen Pflanze aussieht, und verabreichen sie bei Bedarf organischen Dünger. Eine Mangelerscheinung kann auf einen grundsätzlichen Nährstoffmangel oder einen für die Pflanze ungünstigen pH-Wert des Bodens verweisen.

Blattläuse

Diese das Leitungssystem praktisch jeder Pflanze anzapfenden Insekten sitzen vorzugsweise an saftreichen, zarten Pflanzenteilen. Bei ungehinderter Vermehrung kann das Schadbild recht ausgeprägt sein. Wirksam gegen Blattläuse ist neben einem scharfen Wasserstrahl auch eine Spritzung auf Basis von Rapsöl. Geben Sie im Frühling beizeiten acht: Aus wenigen übersehenen Läusen werden gerade zu Beginn der Saison im Nu Scharen.

Schildläuse

Diese Insekten sind kaum als solche zu erkennen. Die Schildlaus sitzt unter einem halbrunden Deckel, der ihr Schutz bietet, während sie die Saftleitungen der Wirtspflanze anzapft. Häufig sitzt der Schädling an der Blattunterseite und in Blattachseln. Es gibt zwar Insektizide, aber das Entfernen mit den Fingern ist genauso effektiv und schonender für die Umwelt. Die chemische Behandlung müsste mehrfach wiederholt werden.

Weichwanzen

Diese Insekten dringen bevorzugt in die Endknospe von Gehölzen ein und saugen dort Pflanzensaft; das verhindert das Treiben gesunden Laubs. Der Schädling ist nicht immer leicht zu entdecken. Behandeln Sie befallene Pflanzen gezielt mit einem Insektizid, um eine Ausbreitung zu verhindern.

Thripse

Thripse treten nicht nur im Gewächshaus auf, manche Arten befallen auch Gartenpflanzen. Scheckige Blattoberseiten sind ein frühes Warnsignal. Entfernen Sie möglichst viele betroffene Blätter. Im Gewächshaus können Sie Nützlinge wie Raubmilben einsetzen. Gegen Insektizide sind viele Thripsarten mittlerweile resistent.

Schnecken

Jeder Garten dürfte seine ganz persönliche Schneckenplage beherbergen; es ist nahezu unmöglich, diese Schädlinge komplett loszuwerden. Sammeln Sie sie ein, wo und wann immer Sie können – vor allem die Spanische Wegschnecke ist ein großer „Mitesser“. Effektiv bei im Boden lebenden Schnecken, wie der Ackerschnecke, sind Nematoden. Sie werden zu Beginn der Saison ausgebracht und dezimieren die Kriecher zumindest.

Ist eine Verjüngungskur möglich?

Zu den größten Herausforderungen bei der Gartenrenovierung zählt die realistische Einschätzung, was sich sinnvoll verjüngen lässt. Wenn Sie wissen, nach welchen „Vitalzeichen" Sie Ausschau halten müssen, wird Ihnen diese Entscheidung wesentlich leichter fallen. Sehr ärgerlich wäre es beispielsweise, wenn Sie einen Strauch stundenlang mit Ast- und Gartenschere in Form bringen, nur um einige Wochen später festzustellen, dass er unrettbar von Hallimasch befallen ist. Sehen Sie sich daher alle Pflanzen und auch bauliche Gartenelemente gründlich an. Diese frühzeitige Bestandsaufnahme gibt Ihnen eine gute Vorstellung davon, was den Zeitaufwand lohnt und wovon Sie sich besser gleich verabschieden sollten.

Viele leidende Pflanzen lassen sich kurieren, wenn gleich zu Beginn die richtige Diagnose gestellt wird.

BÄUME

Die Gesundheit der Bäume in Ihrem Garten lässt sich anhand einer simplen kleinen Liste recht gut einschätzen. Sollten Sie sich dies nicht zutrauen, wenden Sie sich an einen Landschaftsgärtner mit Erfahrung im Gehölzschnitt, der für Sie die Diagnose stellt und Ihnen auch sagt, was zu tun ist. Sollten Sie die Sache allein angehen wollen, sind dies die Fragen, die Sie sich stellen sollten:

Sehe ich abgestorbene Triebspitzen?

Hat der Baum viele tote Äste?

Hat der Baum stark beschädigte Äste?

Tritt Harz aus Wunden aus?

Weist der Baum Löcher oder morsches Holz auf?

Sollten Sie auch nur eine dieser Fragen mit „Ja" beantworten, rufen Sie eben erwähnten Fachmann, der die Sache untersucht und Empfehlungen ausspricht. Lautet die Antwort durchgängig „Nein", dürfte der Baum von guter Gesundheit sein. Nun stellen sich nur noch zwei Fragen: Passt er dort, wo er steht, zu meinen Plänen für den Garten? Und wie wirkt er sich auf Lichteinfall und Bodenfeuchtigkeit aus?

Baumschnitttechniken einschließlich Aufasten und Auslichten der Krone, die beide den Schattenwurf reduzieren, finden Sie ab Seite 63. Durch Insekten oder Krankheiten verursachte Schadbilder sind ab Seite 23 beschrieben.

STRÄUCHER

Sträucher und Halbsträucher lassen sich leichter beurteilen als Bäume, denn man hat sie deutlich näher vor Augen. Viele werden Jahrzehnte alt und lassen sich problemlos durch Schnitt verjüngen; andere, kurzlebigere müssen oft schon nach zehn Jahren ersetzt werden. Zur zweiten Kategorie zählen Sommerflieder (*Buddleja*), Holunder (*Sambucus*) und Lavendel (*Lavandula*).

Begutachten Sie jeden Strauch von allen Seiten und von der Basis bis zur obersten Blattspitze. Beantworten Sie dabei folgende Fragen:

Sind die Äste von Flechten überzogen?

Ist mehr als ein Drittel der Triebe abgestorben?

Finden sich gänzlich abgestorbene Partien?

Liegt der Neutrieb der letzten Saison unter 2 cm?

Wirkt der Strauch deutlich blass oder gelblich, ohne dass es sich um einen Kalkflieher handelt?

Ist der Strauch zu mehr als 50 Prozent von Schädlingen oder Krankheit befallen?

Dicht an dicht sitzende Flechten können darauf hindeuten, dass ein Gehölz überaltert ist.

Beantworten Sie mindestens eine dieser Fragen mit „Ja", so hat sich der Strauch wahrscheinlich schon fast verabschiedet. Sollten Sie sämtliche Fragen mit „Nein" beantworten, dürfte es sich um einen gesunden Strauch handeln, den Sie jetzt nur ein wenig formen, drastisch verjüngen oder umpflanzen müssen – Tipps dazu finden Sie ab Seite 63. Krankheiten und Schädlinge und ihre Schadbilder sind ab Seite 23 beschrieben.

HECKEN

Heckengehölze stellen oft die ältesten Pflanzen eines Gartens. Typische Heckenpflanzen vertragen es, wieder und wieder in Form geschnitten zu werden; manchen kann man auch eine radikale Verjüngungskur zumuten. Leicht verjüngbare Heckensträucher sind beispielsweise Liguster, Stechpalme (*Ilex*), Kirschlorbeer und Eibe. Lebensbaum (*Thuja*), Leylandzypresse (× *Cuprocyparis leylandii*) und Lawsons Scheinzypresse (*Chamaecyparis lawsoniana*) hingegen mögen keinen Verjüngungsschnitt. Ich persönlich finde, dass eigentlich jeder Garten auf die Letztgenannten gut verzichten kann; es gibt genügend andere Gehölze, die sich ganz nach Bedarf und ohne das Risiko absterbender Äste schneiden lassen.

Folgende Anzeichen können auf ein Kränkeln der Hecke hinweisen: absterbende Triebspitzen, tote Bereiche, Flechten an altem Holz, weniger als 5 cm Zuwachs im laufenden Jahr, verkahlte Basis, Teilausfälle, Insekten- oder Krankheitsschäden über mehr als die Hälfte der Pflanze. Zeigt Ihre Hecke auch nur eines dieser Symptome, muss gehandelt werden. Schädlinge und Krankheiten lassen sich behandeln. Die meisten Heckengehölze zeigen nach einem drastischen Rückschnitt hervorragenden, dichten Neutrieb. Tipps zum Verjüngen einer überalterten Hecke finden Sie auf Seite 88; bei Leylandzypresse und Scheinzypresse sollten Sie überlegen, ob Sie diese durch Eibe, Rot- oder Hainbuche ersetzen.

KLETTERPFLANZEN

Etliche Kletterpflanzen sind sehr langlebig – denken Sie nur an die knorrigen Glyzinienstämme an alten Prachtbauten. Die Gesundheit Ihrer Kletterpflanzen beurteilen Sie anhand derselben Fragen wie bei den Sträuchern. Viele Kletterpflanzen können Sie verjüngen (Seiten 70 und 74); Beschreibungen von Schadbildern durch Insekten- oder Krankheitsbefall finden Sie ab Seite 23.

Beschädigtes Laub an Stauden verweist nicht zwingend auf irreversible Schäden.

DEN BODEN KENNENLERNEN

Der Boden ist das A und O Ihres Gartens! Eine der ersten Maßnahmen, die ich bei jedem neuen Gartengrundstück vornehme, sei es mein eigenes oder das eines Kunden, ist eine kleine Untersuchung, mit welchem Boden und welchen damit verbundenen Herausforderungen ich es zu tun habe. Schauen Sie sich im Garten um: Schon die Pflanzen können einiges darüber verraten, was sich unter der Oberfläche abspielt. Üppig wachsendes Grün mit dichtem Laub und reicher Blüte lässt nährstoffreichen, frischen und dabei durchlässigen Boden vermuten. Schwächliche Pflanzen hingegen deuten oft auf nährstoffarmen, trockenen Boden hin. Pflanzen, die sich ganz von selbst ansiedeln, verraten ebenfalls etwas über den Bodenzustand. Binsen (*Juncus*) sind ein verlässlicher Anzeiger staunassen Bodens, wohingegen zahlreich selbst ausgesamtes Patagonisches Eisenkraut (*Verbena bonariensis*) meist auf gute Dränage verweist. Stark vergilbte Rhododendren oder Skimmien sind ein Zeichen, dass der pH-Wert des Bodens für diese Pflanzen ungünstig hoch liegt; für andere Arten wie etwa Flieder wäre dieser alkalische Boden himmlisch.

STAUDEN

Stauden lassen sich recht einfach beurteilen. Eindeutige Zeichen mangelnder Gesundheit sind: pudriger oder rostfarbener Belag auf den Blättern, vergilbtes Laub (Chlorose), verkrüppelte oberirdische Teile, artuntypisch geringe oder ausbleibende Blüte, spärliches Wachstum. Jedes dieser Symptome könnte darauf verweisen, dass die Pflanze nicht mehr lange zu leben hat, doch zum Glück ist es bei den meisten Stauden möglich, Ableger oder Teilstücke neu aufzupflanzen. Anders gesagt: Stauden lassen sich verjüngen und retten. Ist ein älterer Horst in der Mitte verkahlt, bedeutet das noch längst nicht sein Ende, denn durch Teilung und neues Einpflanzen wird bald die alte Kraft zurückkehren. Tipps zum Verjüngen in die Jahre gekommener Stauden finden Sie auf Seite 134; durch Insekten oder Krankheiten verursachte Schadbilder sind ab Seite 23 beschrieben.

RASEN

Ein kränkelnder Rasen ist geradezu typisch für einen ungeliebten Garten. Die Anzeichen sind meist eindeutig: vergilbtes Gras, lückiger Wuchs, Kahlstellen, reichlich Unkraut und Moos. Glücklicherweise zählt der Rasen zu den am leichtesten aufzupolierenden Gartenelementen. Tipps, wie Sie wieder zu einem „Smaragdrasen“ kommen, finden Sie auf Seite 100, Anzeichen für und Mittel gegen Rasenkrankheiten auf Seite 102.

ERSTELLUNG EINES BODENPROFILS

1. Markieren Sie ein etwa 60 × 60 cm großes Quadrat auf dem Boden.

2. Graben Sie dort gleichmäßig etwa 30 cm tief.

3. Graben Sie auf der Hälfte der Fläche weitere 30 cm tief.

4. Graben Sie auf einem Viertel der Fläche weitere 30 cm tief.

5. Nun können Sie das Bodenprofil bis in 90 cm Tiefe begutachten.

Oberboden

Unterboden

Untergrund

Entnehmen Sie von Ober- und Unterboden und vom Untergrund je eine faustgroße Menge.

Auch wenn diese Zeichen bereits für sich sprechen, empfehlen sich einige kleine Probegrabungen. Wer es perfekt machen will, erstellt mehrere Bodenprofile zum Vergleich. Solche Aufgrabungen gestatten den bestmöglichen Einblick in den Bodenaufbau und Bodentyp. Am Ende dürfte das ausgehobene Loch fast 1 m tief sein. Deutlich zu sehen ist der meist braune Oberboden, auch Mutterboden genannt; idealerweise beträgt seine Stärke wenigstens 20 cm. Darunter sehen Sie die nächste Bodenschicht, den Unterboden, und darunter schließlich ist die Zusammensetzung des Untergrunds zu erkennen. Bei dieser Gelegenheit können Sie feststellen, ob Verdichtungen vorliegen, die den Wasserabzug behindern und daher behoben werden sollten. Auch Bodenleben – Regenwürmer und andere Bodenlebewesen – sollte sichtbar sein.

DEN BODEN PRÜFEN

Anhand der Proben aus Ihren Profilgrabungen können Sie nun bestimmen, welche Bodenart (Bodentextur) bei Ihnen vorliegt. Davon hängen die Bodenpflege und gegebenenfalls Verbesserungsmaßnahmen ab. Nehmen Sie einen etwa golfballgroßen Erdklumpen, feuchten Sie ihn an und formen Sie ihn zu einer Kugel. Will das Material partout nicht mitspielen, weil es zu grobkörnig ist, dürfte sandiger Boden vorliegen. Dieser hat – wie jede andere Bodentextur auch – seine Vor- und Nachteile. Einerseits erwärmt er sich rascher als die meisten anderen Bodenarten und lässt dadurch Pflanzen oft zeitiger austreiben, andererseits ist er sehr wasserdurchlässig, weshalb er schneller austrocknet. Gleichzeitig werden Nährstoffe – natürliche wie zugeführte – rascher ausgewaschen.

Lässt sich die Bodenprobe gut zu einer Kugel formen und wirkt deren Oberfläche matt, wenn Sie sie mit dem Daumen glatt streichen, spricht alles für einen schluffigen Boden. Die Partikel dieses Bodentyps sind kleiner als bei einem sandigen Boden, aber größer als bei Ton. Auf einen solchen Boden trifft oft das Beste beider Alternativen zu.

Lässt sich Ihre Bodenprobe leicht zu einer Kugel formen, deren Oberfläche nach dem Glätten glänzt, dürfte es sich um Ton handeln. Diese Bodenart ist Fluch und Segen zugleich. Häufig ist sie nährstoffreich und speichert Wasser gut; andererseits kann sie schnell staunass werden. Auch ist die Bearbeitung nicht jederzeit möglich: In der kalten Jahreszeit bleibt dieser schwere Boden lange nass und klebrig und lässt sich nicht umgraben. Im Sommer wiederum kann er so fest ausbacken, dass man nicht einmal mit der Grabegabel hineinkommt. Auf Seite 96 finden Sie Tipps, wie Sie die drei genannten Bodenarten verbessern können.

Die Textur des Bodens lässt sich mit einer einfachen Fingerprobe recht gut beurteilen.

Natürlich gibt es viele Böden, die sich keiner der hier beschriebenen Kategorien perfekt zuordnen lassen, sondern Mischformen sind. Mit diesem Grundwissen ausgestattet sollten Sie aber einschätzen können, ob Sie im Garten schluffigen Ton oder ein Sand-Schluff-Gemisch zu etwa gleichen Teilen haben. Mit Lehm bezeichnen wir einen Boden, der sich aus den drei genannten Bodenarten zusammensetzt.

Wo wir gerade so schöne Bodenproben haben, lässt sich auch direkt der pH-Wert bestimmen. Hierbei wird festgestellt, ob eher saurer oder eher alkalischer Boden vorliegt. Auch hier können bereits vorhandene Pflanzen als Zeiger dienen. Ist Ihr Garten mit reichlich Rhododendren und Erika ausgestattet, dürfte sein Boden im sauren Bereich liegen. Gibt es nur wenige dieser Pflanzen, und wirken diese zudem eher vergilbt und gestresst, liegt Ihr Boden womöglich im neutralen Bereich. Gibt es keine dieser Pflanzen, so ist entweder der Boden alkalisch oder aber die Vorbesitzer mochten diese Pflanzen nicht. Sichere Auskunft gibt ein kleiner pH-Schnelltest aus dem Gartenmarkt oder dem Internet. Dazu müssen Sie lediglich etwas Erde und Zutaten aus dem Testset in ein Glasröhrchen geben, dieses verschließen und kräftig schütteln. Wenn sich die Schwebstoffe setzen, zeigt die Flüssigkeit eine Farbe an. Ein Vergleich mit der mitgelieferten Farbtabel verrät Ihnen nun den pH-Wert Ihres Bodens. Wenn es nicht zu viel Arbeit ist, lohnt es unbedingt, mehr als nur eine Profilgrabung vorzunehmen, denn je nachdem, wie ein Bodenstück in der Vergangenheit gepflegt wurde, können auch auf einem relativ kleinen Grundstück Bodenart und pH-Wert recht stark variieren.

Sobald Sie mit all diesen Informationen ausgestattet sind, können Sie gut beurteilen, welche Bodenverbesserungsmaßnahmen bei Ihnen nötig sind und welche Pflanzen schon von Natur aus gedeihen werden. Tipps zur Bodenverbesserung finden Sie ab Seite 98.

Vorhandene Pflanzen identifizieren und integrieren

Ältere Gärten sind meist übervoll mit lange etablierten Pflanzen. Einen Teil davon empfinden Sie womöglich so, wie sie gerade sind, als perfekt (manchmal könnten Sie vielleicht gar einen Purzelbaum schlagen vor Freude über die unerwarteten Schätze, die sie vorfinden). Andere Gewächse lassen sich mit einem radikalen Pflegeschnitt retten, bei manchen aber ist Hopfen und Malz verloren. Nun gilt es, Entscheidungen zu treffen: Was kann bleiben, was soll überarbeitet werden, was muss gehen? Dazu müssen Sie erst einmal herausfinden, was in Ihrem Garten Fluch ist, und was Segen. Im Folgenden finden Sie eine Liste von 100 Pflanzen, die man in älteren Gärten häufig antrifft. Viele lohnt es zu behalten, vielleicht auch umzupflanzen; andere wirken nach einem Rückschnitt frisch und neu oder gewinnen durch passende pflanzliche Begleiter wunderbar an Wirkung. Mit diesem Buch in der Hand können Sie identifizieren, was bei Ihnen wächst, um dann zu entscheiden, ob die vorhandenen Pflanzen zu Ihrem Gartenwunschbild passen – entweder so, wie sie sind, oder so, wie sie werden können.

* Größenangaben, Farben und Wuchsformen beziehen sich auf die landläufigsten Arten und Sorten.

STRÄUCHER

Aukube *Aucuba*

H/B: 3 × 3 m

Zierwert: Geflecktes immergrünes Laub. Jüngeren Pflanzen Winterschutz geben, im Alter recht winterhart.

Was tun? Ausgraben und ersetzen. In Form oder zur Hecke schneiden (Seiten 84 und 88). Umpflanzen (Seite 132).

Berberitze *Berberis*

H/B: 2 × 1,50 m

Zierwert: Immer- oder sommergrün. Dornig. Je nach Sorte burgunderrotes oder grünes Laub. Gelbe bis orangefarbene Blüten im Frühjahr.

Was tun? Verjüngen (Seite 63). Eine Kletterpflanze hineinranken lassen (Seite 144). Unterpflanzen (Seite 164).

Sommerflieder *Buddleja*

H/B: 3 × 2+ m

Zierwert: Sommergrüner Strauch. Blütenrispen im Sommer. Schmetterlingsmagnet. Versamt sich (nicht sortenecht).

Was tun? Verjüngen (Seite 63). Kletterpflanzen hineinranken lassen (144). Unterpflanzen (Seite 164).

Buchsbaum *Buxus*

H/B: 3 × 2 m

Zierwert: Kleinlaubiger immergrüner Strauch. Mittlerweile häufig durch Schädlinge gefährdet.

Was tun? Formschnitt (Seite 84). Zur Hecke schneiden (Seite 88). Größere Exemplare aufasten (Seite 65). Jüngere Exemplare umpflanzen (Seite 132).

Kamelie *Camellia*

H/B: 3 × 2 m, im hiesigen Klima oft kleiner

Zierwert: Große weiße, rote oder rosa Blüten im Winter/Frühjahr. Immergrün.

Was tun? Sich freuen! Wenn Sie eine ältere Kamelie in Ihrem Garten finden, handelt es sich wohl um eine gut winterharte Sorte am optimalen Standort. Notfalls leicht verjüngen (Seite 63).

Säckelblume *Ceanothus*

H/B: 1–3 × 3 m

Zierwert: Intensiv blaue Blüten je nach Art im Spätfrühling oder Sommer. Immer- oder sommergrün. Kurzlebig. Winterschutz nötig.

Was tun? Eine Kletterpflanze hindurchranken lassen (Seite 144). Unterpflanzen (Seite 164).

STRÄUCHER

Orangenblume *Choisya*

H/B: 1,20 × 1,20 m
Zierwert: Immergrünes goldenes oder grünes Laub. Laubduft. Im Frühjahr weiße Blüten. Meist als Kübelpflanze mit frostfreier Überwinterung; die Sorte 'Aztec Pearl' auch mit Winterschutz im Freiland.
Was tun? In Form schneiden (Seite 84).

Tatarischer Hartriegel *Cornus alba*

H/B: 1 × 1 m (bei Rückschnitt)
Zierwert: Im Winter leuchtend rotes, orangefarbenes oder gelbes Geäst. Grünes oder panaschiertes Laub.
Was tun? Alljährlich drastisch zurückschneiden (Seite 85). Umpflanzen (Seite 132).

Perückenstrauch *Cotinus*

H/B: 3 × 2 m
Zierwert: Sommergrüner Strauch. Wolkige sommerliche Blütenstände. Rundes, burgunderrotes oder grünes Blatt.
Was tun? Verjüngen (Seite 63). Eine Kletterpflanze hineinranken lassen (Seite 144). Unterpflanzen (Seite 164).

Zwergmispel *Cotoneaster*

H/B: Vom Bodendecker bis zum Strauch, je nach Art
Zierwert: Manche Arten sommergrün, manche immergrün. Im Frühjahr weiße Blüten. Im Herbst Beeren.
Was tun? Ersetzen. Verjüngen (Seite 63). Kletterpflanzen hineinranken lassen (Seite 144).

Ölweide *Elaeagnus*

H/B: 3 × 2 m
Zierwert: Immer- oder sommergrünes silbriges oder panaschiertes Laub. Je nach Art im späten Frühjahr, Sommer oder Herbst unauffällige, duftende Blüten.
Was tun? Zur Hecke schneiden (Seite 88). Umpflanzen (Seite 132). Kletterer hindurchranken lassen (Seite 144).

Andenstrauch *Escallonia*

H/B: 2 × 2 m+
Zierwert: Immergrüner Strauch. Im Sommer kleine rosa, weiße oder rote Blüten. Bedingt winterhart, windgeschützter Stand und Winterschutz nötig.
Was tun? Verjüngen (Seite 63). Kletterpflanzen hindurchranken lassen (Seite 144). Unterpflanzen (Seite 164).

STRÄUCHER

Spindelstrauch *Euonymus japonicus* und *E. fortunei*

H/B: 1 × 1 m oder bodendeckend

Zierwert: Immergrün. Auch panaschierte Sorten. Der aufstrebende *E. japonicus* ist kälteempfindlicher als der bodendeckende/kletternde *E. fortunei*.

Was tun? Umpflanzen (Seite 132). Formschnitt (Seite 84).

Wolfsmilch (strauchige Arten) *Euphorbia*

H/B: 1 × 1 m

Zierwert: Im Frühjahr leuchtend gelbgrüne Blütenstände. Immergrünes Laub. Sicherheitshalber im Kübel frostfrei überwintern.

Was tun? Verjüngen (Seite 63).

Forsythie *Forsythia*

H/B: 2,50 × 2 m

Zierwert: Im Frühjahr leuchtend gelbe Blüten. Unauffälliges sommergrünes Laub.

Was tun? Im Frühjahr auslichten (Seite 64). Unterpflanzen (Seite 164). Eine Kletterpflanze hineinranken lassen (Seite 144).

STRÄUCHER

Winterharte Fuchsie *Fuchsia magellanica*

H/B: 1,50 × 1,50 m

Zierwert: Sommergrüner Strauch. Vom Sommer bis zum Herbst rot-violette Blüten. Winterschutz.

Was tun? Umpflanzen (Seite 132). Rückschnitt nach Frostschäden. Verjüngen (Seite 63).

Strauchveronika *Hebe*

H/B: 1,50 × 1,50 m

Zierwert: Im Sommer/Herbst blaue, weiße oder rosa Blüten. Immergrünes Laub. Können bei starkem Frost zurückfrieren; Winterschutz ratsam.

Was tun? Umpflanzen (Seite 132). Verjüngen (Seite 63).

Hortensie *Hydrangea*

H/B: 1,50 × 1,50 m

Zierwert: Von Sommer bis Herbst große Blütenbälle in Weiß, Creme, Rosa- und Blautönen. Großformatiges Laub.

Was tun? Verjüngen (Seite 63). Unterpflanzen (Seite 164). Blütenstände trocknen.

STRÄUCHER

Johanniskraut (strauchige Arten) *Hypericum*

H/B: 1,50 × 1,50 m

Zierwert: Im Sommer gelbe Blüten.

Was tun? Umpflanzen (Seite 132). Andere Pflanzen hindurchranken und sich verweben lassen (Seite 144).

Stechpalme *Ilex*

H/B: 5 × 5 m+

Zierwert: Glänzendes immergrünes Laub. Im Herbst/Winter rote Beeren, wenn weibliche und männliche Pflanzen vorhanden sind (*Ilex* ist zweihäusig).

Was tun? Hecken- oder Formschnitt (Seiten 84 und 88). Mit Kletterpflanzen kombinieren (Seite 144). Auslichten (Seite 64). Verjüngen (Seite 63).

Ranunkelstrauch *Kerria*

H/B: 3 × 1 m

Zierwert: Vasenförmiger Wuchs. Im Frühjahr kleine gelbe Blütenbälle.

Was tun? Verjüngen (Seite 63). Umpflanzen (Seite 132).

Lorbeer *Laurus nobilis*

H/B: 2 × 1 m+, im Kübel häufig kleiner

Zierwert: Würziges immergrünes Laub. Ausgepflanzt nur in Weinbaugebieten, ansonsten als Kübelpflanze.

Was tun? In Form schneiden (Seite 84). Verjüngen (Seite 63).

Lavendel *Lavandula*

H/B: 60 × 60 cm

Zierwert: Immergrün. Im Sommer Laub- und Blütenduft.

Was tun? Durch leichten Rückschnitt verjüngen (Seite 84). Jüngere Exemplare umpflanzen (Seite 132).

Buschmalve *Lavatera*

H/B: 1,20 × 1 m

Zierwert: Im Sommer große rosa oder weiße Blüten. Winterschutz ratsam.

Was tun? Unterpflanzen (Seite 164). Als raschwüchsigen Sichtschutz nutzen (Seite 177).

STRÄUCHER

Liguster *Ligustrum*

H/B: 3 × 2,50 m

Zierwert: Immergrüner (Hecken-)Strauch. Im Spätfrühling/Sommer kleine weiße Blüten.

Was tun? Zur Hecke schneiden (Seite 88). Formschnitt (Seite 84). Verjüngen (Seite 63).

Heckenkirsche *Lonicera*

H/B: 1,50 × 1,50 m

Zierwert: Immergrünes hellgrünes Laub.

Was tun? Formschnitt (Seite 84). Umpflanzen (Seite 132). Eine Kletterpflanze darüberranken lassen (Seite 144).

Magnolie *Magnolia*

H/B: 4 × 4 m+

Zierwert: Im Frühjahr große weiße, purpurrosa, gelbe oder rosa Blüten. Sommergrünes Laub.

Was tun? Aufasten (Seite 65). Unterpflanzen (Seite 164).

Jap. Mahonie *Mahonia japonica*

H/B: 2 × 2 m

Zierwert: Im Winter bis Frühjahr duftende gelbe Blüten. Immergrün.

Was tun? Rückschnitt nicht notwendig. Aufasten (Seite 65). Mit Einjährigen durchwirken (Seite 144). Jüngere Exemplare umpflanzen (Seite 132).

Duftblüte *Osmanthus*

H/B: 2 × 2 m

Zierwert: Immergrünes Laub. Duftende weiße Blüten je nach Art: *O. × burkwoodii* im Frühling, *O. heterophylla* im Herbst. Nur in wintermilden Lagen.

Was tun? In Form schneiden (Seite 84). Umpflanzen (Seite 132).

Pfeifenstrauch *Philadelphus*

H/B: 2,50 × 2 m

Zierwert: Strauchform. Im Spätfrühling duftende weiße Blüten. Sommergrün.

Was tun? Im Frühjahr auslichten (Seite 64). Unterpflanzen (Seite 164).

STRÄUCHER

Glanzmispel *Photinia*

H/B: 3 × 3 m

Zierwert: Im Frühjahr roter Neutrieb. Im Frühjahr/Sommer weiße Blüten. Immergrün. Für milde Lagen.

Was tun? Verjüngen (Seite 63). Umpflanzen (Seite 132). Zur Hecke schneiden (Seite 88). Kletterpflanzen hineinranken lassen (Seite 144).

Fingerstrauch *Potentilla*

H/B: 70 × 70 cm

Zierwert: Vom Spätfrühling/Sommer bis Herbst andauernde Blüte in Weiß, Rot, Orange oder Gelb.

Was tun? Umpflanzen (Seite 132).

Feuerdorn *Pyracantha*

H/B: 3 × 3 m+

Zierwert: Im Frühjahr weiße Blüten, im Sommer/Herbst Beeren. Immergrün. Zum Kaschieren von Mauern geeignet.

Was tun? Eine Kletterpflanze hindurchranken lassen (Seite 144). Zur Hecke schneiden (Seite 88). Verjüngen (Seite 63).

STRÄUCHER

Azalee und Rhododendron *Rhododendron*

H/B: 2 × 2 m+

Zierwert: Sommer- oder immergrüner Strauch. Leuchtende Frühjahrsblüte. Bevorzugt sauren Boden. Manche Sorten duften.

Was tun? Verjüngen (Seite 63). Kletterpflanzen hindurchranken lassen (Seite 144). Unterpflanzen (Seite 164).

Blut-Johannisbeere *Ribes*

H/B: 2 × 1,50 m

Zierwert: Im Frühjahr rosa, rote oder weiße Blüten. Vasenförmiger Wuchs. Geringfügiger Beerenbesatz.

Was tun? Im Frühjahr auslichten (Seite 64). Unterpflanzen (Seite 164). Eine Kletterpflanze hineinranken lassen (Seite 144).

STRÄUCHER

Rose *Rosa*

H/B: Je nach Sorte bis zu 2 × 1,50 m
Zierwert: Von Frühsommer bis Herbst Blüten in Weiß-, Gelb- und Rosatönen. Sommergrünes Laub. Mit Stacheln. Blütenduft (sortenabhängig).
Was tun? Verjüngen (Seiten 68 und 70). Unterpflanzen (Seite 164). Vasenschmuck.

Skimmie *Skimmia*

H/B: 1,50 × 1,50 m
Zierwert: Immergrüner Strauch. Frühjahrsblüte. Beerenbesatz im Herbst und Winter.
Was tun? Umpflanzen (Seite 132).

Spierstrauch *Spiraea*

H/B: 1,50 × 1,50 m
Zierwert: Sommergrüner Strauch. Im Frühsommer weiße, rote oder rosa Blütenstände.
Was tun? Verjüngen (Seite 63). Umpflanzen (Seite 132). Eine Kletterpflanze hindurchranken lassen (Seite 144).

Flieder *Syringa*

H/B: 3 × 2 m
Zierwert: Sommergrüner Strauch. Im Frühling duftende weiße, rosa, lila oder violette Blütenrispen.
Was tun? Aufasten (Seite 65). Unterpflanzen (Seite 164).

Immergrün *Vinca*

H/B: 40 cm × unbegrenzt
Zierwert: Im Frühjahr blaue, malvenfarbene oder weiße Blüten. Immergrünes Laub. Bodendecker. Rankender Halbstrauch.
Was tun? Zum Verjüngen zurückstutzen. Mit Zwiebelblühern unterpflanzen (Seite 154). Umpflanzen (Seite 132).

Weigelie *Weigela*

H/B: 2 × 2 m
Zierwert: Im Frühsommer weiße, rosa oder rote Blüten. Sommergrün.
Was tun? Umpflanzen (Seite 132). Auslichten (Seite 64).

KLETTERPFLANZEN

Waldrebe *Clematis*

H/B: 3 × 3 m+

Zierwert: Rote, rosa, blaue, weiße oder violette Blüten zu unterschiedlichen Jahreszeiten (artabhängig).

Was tun? Zurückschneiden zum Verjüngen (Seiten 63 und 87). Eine zweite Kletterpflanze hindurchranken lassen (Seite 144).

Efeu *Hedera*

H/B: 5 m+

Zierwert: Immergrünes Laub. Blüten und Beeren im Herbst/Winter. Bildet Haftwurzeln.

Was tun? Verjüngen (Seite 63). Mit zweiter Kletterpflanze kombinieren (Seite 144). Entfernen (Haftwurzeln bleiben an Fassaden meist sichtbar).

Winter-Jasmin *Jasminum nudiflorum*

H/B: 3 × 3 m

Zierwert: Gelbe Blüten im Winter. Malerisch von Mauern und Böschungen herabhängend oder am Spalier klimmend.

Was tun? Verjüngen (Seite 63). Umpflanzen (Seite 132).

KLETTERPFLANZEN

Geißblatt *Lonicera*

H/B: 3 × 3 m

Zierwert: Im Sommer duftende Blüten in Hellgelb und Rosa. Manche Arten sind immergrün.

Was tun? Eine zweite Kletterpflanze hindurchranken lassen (Seite 144). Verjüngen (Seite 63).

Jungfernrebe *Parthenocissus*

H/B: 10 m+

Zierwert: Sommergrüner Selbstklimmer. Leuchtend rotes Herbstlaub. Am besten in voller Sonne.

Was tun? Verjüngen (Seite 63). Weitere Kletterpflanzen kombinieren (Seite 144). Unterpflanzen (Seite 164).

Glyzinie *Wisteria*

H/B: 5 × 5 m+

Zierwert: Im Frühjahr fliederfarbene, violette, rosa oder weiße Blütentrauben. Verholzende Stämme.

Was tun? Von Fallrohren entfernen, Pflanze zerdrückt diese. Verjüngen (Seite 63). Zurückschneiden (Seite 74). Unterpflanzen (Seite 164).

STAUDEN UND ZWIEBELBLÜHER

Schafgarbe *Achillea*

H/B: 50 × 50 cm

Zierwert: Rote, gelbe, orangefarbene, weiße oder rosa Blütenteller während der Sommermonate.

Was tun? Teilen und neu aufpflanzen (Seite 134).

Frauenmantel *Alchemilla mollis*

H/B: 40 × 40 cm

Zierwert: Gelbgrüne Blüten, gebuchtetes Laub.

Was tun? Teilen und neu aufpflanzen (Seite 134). Andere Pflanzen hindurchtreiben lassen (Seite 144).

Herbst-Anemone *Anemone hupehensis* var. *japonica*

H/B: 1 m × 50 cm

Zierwert: Blüht im Spätsommer/Herbst zart- bis purpurrosa oder weiß.

Was tun? Teilen und neu aufpflanzen (Seite 134). Mit Zwiebelblühern unterpflanzen (Seite 154).

STAUDEN UND ZWIEBELBLÜHER

Akelei *Aquilegia*
H/B: 50 × 40 cm
Zierwert: Von Spätfrühling bis Frühsommer nickende Blüten in sämtlichen Farben.
Was tun? Umpflanzen (Seite 132). Samen sammeln und aussäen (Seite 138).

STAUDEN UND ZWIEBELBLÜHER

Hirschzungenfarn *Asplenium*

H/B: 40 × 40 cm
Zierwert: Charakteristische dekorative Blätter.
Was tun? Teilen und neu aufpflanzen (Seite 134).

Aster *Aster*

H/B: 20 cm – 2 m × 40 cm – 1 m, je nach Art
Zierwert: Weiße, rosa, blaue, violette oder fliederfarbene Korbblüten im Spätsommer und Herbst.
Was tun? Teilen und neu aufpflanzen (Seite 134).

Bergenie *Bergenia*

H/B: 40 cm × 80 cm
Zierwert: Großformatiges, glänzendes, wintergrünes Laub. Im Frühjahr rosa, rote oder weiße Blüten.
Was tun? Teilen und neu aufpflanzen (Seite 134). Mit Zwiebelblühern unterpflanzen (Seite 154).

Borretsch *Borago*

H/B: 60 × 60 cm
Zierwert: Es gibt einjährigen Borretsch (*B. officinales*) und mehrjährigen (*B. pygmaea*); blaue Blüten im Sommer (*B. pygmaea* etwas später, bis in den Herbst). Borstig behaartes Laub.
Was tun? Umpflanzen (Seite 132). Samen sammeln und aussäen (Seite 138).

Glockenblume (hohe Arten) *Campanula*

H/B: 1,20 m × 50 cm
Zierwert: Im Sommer Glockenblüten in Weiß, Blau, Mauve, Violett oder Rosa.
Was tun? Teilen und neu aufpflanzen (Seite 134). Samen sammeln und aussäen (Seite 138).

Flockenblume *Centaurea*

H/B: 50 × 50 cm
Zierwert: Im Spätfrühling/Frühsommer blaue, violette oder weiße Blüten.
Was tun? Teilen und neu aufpflanzen (Seite 134). Samen sammeln und aussäen (Seite 138).

STAUDEN UND ZWIEBELBLÜHER

Maiglöckchen *Convallaria*

H/B: 25 × 50 cm+

Zierwert: Im Frühjahr stark duftende weiße Blüten.

Was tun? Andere Pflanzen hindurchtreiben lassen (Seite 144). Teilen und neu aufpflanzen (Seite 134).

Tränendes Herz *Dicentra*

H/B: 50 × 50 cm

Zierwert: Im Spätfrühling herzförmige Blüten in Rosa und Weiß.

Was tun? Andere Pflanzen hindurchtreiben lassen (Seite 144). Mit Zwiebelblühern unterpflanzen (Seite 154). Umpflanzen (Seite 132).

Fingerhut *Digitalis*

H/B: 1 m × 40 cm

Zierwert: Im Frühjahr/Sommer hohe Blütenkerzen in Hell- bis Dunkelrosa oder Weiß. Zweijährig.

Was tun? Samen sammeln und aussäen (Seite 138).

STAUDEN UND ZWIEBELBLÜHER

Kugeldistel *Echinops*

H/B: 1 m × 70 cm

Zierwert: Den ganzen Sommer über stachlige blaue Blütenkugeln.

Was tun? Teilen und neu aufpflanzen (Seite 134). Einjährige Kletterpflanzen hineinranken lassen (Seite 144).

Schneeglöckchen *Galanthus*

H/B: 20 × 20 cm

Zierwert: Im ausgehenden Winter weiße Blüten.

Was tun? Vorsichtig umpflanzen (Seite 132). Teilen und neu aufpflanzen (Seite 134).

Storchschnabel *Geranium*

H/B: Je nach Art 15–50 × 70 cm

Zierwert: Im Frühjahr und Sommer Blüten in Weiß, Blau, Rosa oder Mauve.

Was tun? Teilen und neu aufpflanzen (Seite 134). Mit Zwiebelblühern unterpflanzen (Seite 154).

STAUDEN UND ZWIEBELBLÜHER

Nelkenwurz *Geum*

H/B: 40 × 40 cm
Zierwert: Rote, gelbe, orange- oder cremefarbene Blüten im Spätfrühling und Sommer.
Was tun? Teilen und neu aufpflanzen (Seite 134). Umpflanzen (Seite 132).

Sonnenbraut *Helenium*

H/B: 1 × 1 m
Zierwert: Im Spätsommer und Herbst Korbblüten in Rot- und Gelbtönen.
Was tun? Teilen und neu aufpflanzen (Seite 134). Anfang Juni die äußeren Triebe auf halbe Höhe zurückschneiden zur Verlängerung der Blühdauer.

Lenzrose *Helleborus*

H/B: 40 × 40 cm
Zierwert: Rosa, rote, burgunderfarbene oder weiße Schalenblüten im zeitigen Frühjahr.
Was tun? Teilen und neu aufpflanzen (Seite 134). Mit späten Zwiebelblühern unterpflanzen (Seite 154).

Purpurglöckchen *Heuchera*

H/B: 40 × 40 cm
Zierwert: Wintergrünes Blattwerk in Schattierungen von Burgunderrot bis Gelbgrün. Im Spätfrühling/Sommer Rispen weißer oder rosafarbener Blüten.
Was tun? Umpflanzen (Seite 132).

Funkie *Hosta*

H/B: 50 × 40 cm+
Zierwert: Rundliche Horste aus üppigem Laub, teils panaschiert. Im Sommer Blütenrispen in Weiß oder Mauve.
Was tun? Teilen und neu aufpflanzen (Seite 134). Umpflanzen (Seite 132).

Hasenglöckchen *Hyacinthoides non-scripta*

H/B: 30 × 30 cm
Zierwert: Im Frühjahr blaue Blütenglocken. Verwildert.
Was tun? Teilen und neu aufpflanzen (Seite 134). Samen sammeln und aussäen (Seite 138).

STAUDEN UND ZWIEBELBLÜHER

Bart-Iris *Iris (Barbata-Typ)*

H/B: 70 × 40 cm
Zierwert: Im Spätfrühling/Frühsommer große Blüten in schillernden Farben.
Was tun? Teilen und neu aufpflanzen (Seite 134). Mit Zwiebelblühern kombinieren (Seite 154).

Zitronen-Melisse *Melissa*

H/B: 50 × 50 cm
Zierwert: Zitronenduftendes Laub, kleine weiße Blüten. Teekraut.
Was tun? Samen sammeln und aussäen (Seite 138). Umpflanzen (Seite 132).

Taubnessel *Lamium*

H/B: 30 cm × unbegrenzt
Zierwert: Teils weiß gezeichnetes Laub. Rosa, weiße oder gelbe Blüten.
Was tun? Umpflanzen (Seite 132). Teilen und neu aufpflanzen (Seite 134).

STAUDEN UND ZWIEBELBLÜHER

Minze *Mentha*

H/B: 60 cm × unbegrenzt

Zierwert: Küchen-/Heilkraut. Eher geringer Zierwert.

Was tun? Teilen und neu aufpflanzen (Seite 134).

Traubenhyazinthe *Muscari*

H/B: 30 × 30 cm

Zierwert: Im Frühjahr blaue Blütentrauben.

Was tun? Samen sammeln und aussäen (Seite 138). Umpflanzen (Seite 132).

Katzenminze *Nepeta*

H/B: 30 × 70 cm

Zierwert: Silbriges Laub. Den ganzen Sommer über hellblaue Blüten.

Was tun? Mit Zwiebelblühern unterpflanzen (Seite 154). Teilen und neu aufpflanzen (Seite 134).

Gilbweiderich *Lysimachia*

H/B: 50 × 50 cm

Zierwert: Im Sommer gelbe Blüten.

Was tun? Teilen und neu aufpflanzen (Seite 134). In Wiesenbereiche integrieren (Seite 155).

Narzisse *Narcissus*

H/B: 40 × 40 cm

Zierwert: Im Frühling gelbe oder weiße Blüten.

Was tun? Umpflanzen (Seite 132). In Wiesenbereichen verwildern lassen (Seite 155).

Dost *Origanum*

H/B: 40 × 50 cm

Zierwert: Küchen-/Heilkraut. Im Sommer rosa Blüten. Sehr gute Bienenweide.

Was tun? Teilen und neu aufpflanzen (Seite 134).

STAUDEN UND ZWIEBELBLÜHER

Pfingstrose *Paeonia*

H/B: 50 × 60 cm

Zierwert: Große Schalenblüten, gefüllt und ungefüllt, in Rosa, Pink, Weiß oder Rot.

Was tun? Umpflanzen? – aber ja! (Seite 132)

Mohn *Papaver*

H/B: 70 cm × 40 cm

Zierwert: Im Frühsommer große Blüten in Rot, Weiß, Mauve, Rosa oder Purpurrosa.

Was tun? Samen sammeln und aussäen, Nachkommen sehen dann meist anders aus (Seite 138). Durch Wurzelschnittlinge vermehren.

Bartfaden *Penstemon*

H/B: 70 × 70 cm

Zierwert: Vom Sommer bis zum Herbst glockige Blüten in sämtlichen Farben.

Was tun? Umpflanzen (Seite 132).

STAUDEN UND ZWIEBELBLÜHER

Flammenblume *Phlox*

H/B: 80 × 80 cm

Zierwert: Über etliche Sommerwochen hinweg dichte Blütenstände in Rosa, Pink, Weiß, Lila oder Mauve.

Was tun? Teilen und neu aufpflanzen (Seite 134).

Lungenkraut *Pulmonaria*

H/B: 30 × 40 cm

Zierwert: Geschecktes Laub. Im zeitigen Frühjahr blaue, rosa bis rötliche oder weiße Blüten.

Was tun? Umpflanzen (Seite 132). Teilen und neu aufpflanzen (Seite 134).

Sonnenhut *Rudbeckia*

H/B: 70 × 50 cm

Zierwert: Den ganzen Sommer und Herbst große gelbe oder orangefarbene Korbblüten.

Was tun? Teilen und neu aufpflanzen (Seite 134).

Salbei *Salvia*

H/B: 50 cm – 1 m × 50 cm – 1,20 m, je nach Art

Zierwert: Vom Sommer bis zum Herbst Blüten überwiegend in Blau- und Violetttönen, auch in Rosa oder Weiß.

Was tun? Verjüngen (Seite 63). Andere Pflanzen hindurchtreiben lassen (Seite 144).

Fetthenne *Sedum*

H/B: 50 × 50 cm

Zierwert: Viele Monate Blattschmuck. Im Sommer rote, weiße oder rosa Blüten. Insektenmagnet.

Was tun? Teilen und neu aufpflanzen (Seite 134).

Goldrute *Solidago*

H/B: 1,20 × 1 m

Zierwert: Im Sommer gelbe Blütenwedel.

Was tun? Teilen und neu aufpflanzen (Seite 134).

BÄUME

Fächer-Ahorn *Acer palmatum*

H/B: 3 × 3 m+

Zierwert: Burgunderrotes, grünes oder fast goldgelbes Laub. Schöne Herbstfärbung.

Was tun? Unterpflanzen (Seite 164). Kleinere Exemplare umpflanzen (Seite 132).

Berg-Ahorn *Acer pseudoplatanus*

H/B: Ausgewachsen 30 × 15 m

Zierwert: Gering.

Was tun? Entfernen und durch einen attraktiveren Baum ersetzen.

Birke *Betula*

H/B: 10 × 5 m+

Zierwert: Weiße Rinde.

Was tun? Krone formen (Seite 64). Eine Kletterpflanze hineinranken lassen (Seite 144). Auslichten (Seite 64).

BÄUME

Scheinzypresse *Chamaecyparis*

H/B: 5 × 3 m+

Zierwert: Konifere. Immergrün mit goldgelbem, graugrünem oder grünem Laub.

Was tun? Eine Kletterpflanze hineinranken lassen (Seite 144). Entfernen.

Leylandzypresse × *Cuprocyparis leylandii*

H/B: 7 × 3 m+

Zierwert: Konifere. Immergrün. Als Heckengehölz nützlich. Kein Zierwert als freiwachsendes Gehölz.

Was tun? Entfernen und durch einen attraktiveren Baum ersetzen.

Gewöhnliche Esche *Fraxinus excelsior*

H/B: Ausgewachsen bis 40 × 15 m+

Zierwert: Gefiedertes Laub. Kaum Zierwert.

Was tun? Entfernen und durch einen attraktiveren Baum ersetzen.

Weißdorn und Rotdorn *Crataegus*

H/B: 6 × 6 m+

Zierwert: Im Frühjahr weiße oder rosa Blüten. Im Sommer/Herbst Beerenschmuck.

Was tun? Verjüngen (Seite 63). Zur Hecke schneiden (Seite 88).

Zierapfel *Malus*

H/B: 4,50 × 4,50 m

Zierwert: Im Frühjahr weiße, rosa oder purpurrosa Blüten. Ab Juni Fruchtschmuck.

Was tun? Eine Kletterpflanze hineinranken lassen (Seite 144). Unterpflanzen (Seite 164). Auslichten (Seite 64). Aufasten (Seite 65).

Vogel-Kirsche *Prunus avium*

H/B: Ausgewachsen bis 15 × 8 m+

Zierwert: Im Frühjahr kleine weiße Blüten.

Was tun? Entfernen und durch eine attraktivere Kirsche ersetzen.

BÄUME

Japanische Zierkirsche
Prunus

H/B: Äußerst variabel.
Zierwert: Im Frühjahr weiße oder rosa Blüten.
Was tun? Krone formen (Seite 64).
Unterpflanzen (Seite 164).
Auslichten (Seite 64).

BÄUME

Birne *Pyrus*

H/B: 4 × 3 m+

Zierwert: Im Frühjahr weiße Blüten. Je nach Sorte Früchte vom Sommer bis zum Herbst.

Was tun? Verjüngen (Seite 63). Unterpflanzen (Seite 164). Aufasten (Seite 65).

Eberesche *Sorbus*

H/B: 6 × 3 m+

Zierwert: Im Frühjahr weiße Blüten. Im Herbst Beeren.

Was tun? Krone formen (Seite 64). Unterpflanzen (Seite 164).

Eibe *Taxus*

H/B: 10 × 5 m+

Zierwert: Immergrüne Hecken- oder Formschnittpflanze.

Was tun? Formschnitt (Seite 84). Verjüngen (Seite 63). Kleine Exemplare umpflanzen (Seite 132). Zur Hecke schneiden (Seite 88).

Gehölze schneiden

Schnittmaßnahmen sind für die Gehölzverjüngung und damit die Gartensanierung unerlässlich. Mit der richtigen Vorgehensweise können Sie vielen Gehölzen, die nicht mehr im besten Zustand sind, neues Leben einhauchen. Beim ersten gründlichen Gartendurchgang haben Sie bereits festgestellt, welche Ihrer Bäume und Sträucher verjüngt werden können und welche nicht mehr zu retten sind. Bei manchen der zu bewahrenden Gehölze genügt es, ein wenig totes oder krankes Holz zu entfernen; andere müssen vielleicht von Grund auf neu aufgebaut werden. Bevor Sie sich mit Ast- und Gartenschere in die Arbeit stürzen, ist es sinnvoll, ein wenig über das Warum, Wann und Wie des Gehölzschnitts nachzudenken. Bestimmte Schnittmaßnahmen rufen nämlich bei Bäumen und Sträuchern ganz bestimmte Reaktionen hervor. Wenn Sie wissen, auf welche Maßnahme das Gehölz wie reagiert, können Sie davon ausgehen, dass jeder Ihrer Schnitte zum gewünschten Ergebnis führt.

Wozu schneiden?

In diesem Buch liegt das Hauptinteresse auf solchen Schnittmaßnahmen, mit denen sich Pflanzen verjüngen oder neu formen lassen. Die Gründe, aus denen Gärtner seit jeher ihre Pflanzen schneiden, sind deutlich vielfältiger. Häufig ist das Ziel eine maximale Blüten- oder Fruchtproduktion; die hierfür entwickelten Schnitttechniken maximieren die Bildung von Blütenknospen. Andere Schnittmaßnahmen beeinflussen den Habitus des Gehölzes, begrenzen seine Größe, geben ihm eine Zierform oder steuern bestimmte Aspekte seines Verhaltens. So schmückt sich der Europäische Perückenstrauch (*Cotinus coggygria*) mit wolkenartigen Blütenständen und zahllosen Blättern vom Durchmesser eines Pingpongballs, sofern man ihn in Ruhe lässt. Schneidet man ihn jedoch im Frühjahr massiv zurück, verhält er sich völlig anders: Seine Blattgröße verdoppelt sich, die Blüte fällt aus. Alternativ können Sie ihn seitlich beschneiden, dann wird er dicht wie ein Heckenstrauch und ist später von Blütenwolken gekrönt, oder Sie entfernen sämtliche kleine Äste und Zweige bis in 2 m Höhe und erfreuen sich an der dichten hohen Laubkrone. Wie und wann man eine Pflanze schneidet, wirkt sich also entscheidend auf das Ergebnis aus.

Beim Verjüngungsschnitt werden häufig ganze Triebe bodennah zurückgenommen, damit das Gehölz aus der Basis neu austreibt.

So reagieren Gehölze auf Schnittmaßnahmen

Fast alle Gehölze werden von einem Prinzip gesteuert, das der Botaniker als Apikaldominanz bezeichnet. Dies bedeutet, dass die Pflanze ihre Zellteilungsenergie und damit ihre Wachstumsenergie auf den Haupttrieb, den primären Spross (meist zugleich der höchste Trieb), konzentriert. Wird dieser gekappt, kann ein in der Sprossspitze gebildetes Hormon, das das Wachstum der Seitentriebe unterdrückt, nicht mehr produziert werden; die Pflanze leitet ihre Energie in die Knospen direkt unterhalb der Schnittstelle. Die dort befindlichen Knospen schwellen daraufhin an, treiben aus und entwickeln sich ihrerseits zu Haupttrieben. Werden im Folgejahr auch diese neuen Triebe zurückgeschnitten, werden die darunter liegenden Knospen gefördert, die nun ihrerseits austreiben. Diesen natürlichen Prozess machen sich Gärtner zunutze, um den Pflanzenwuchs in ihrem Sinne zu steuern. Gut zu beobachten ist er beim simplen turnusmäßigen Heckenschnitt, der die Heckensträucher immer dichter werden lässt. Auf dieselbe Weise lässt sich ein frei stehender Strauch durch Kappen der dominanten Triebspitzen dazu bewegen, immer mehr Seitentriebe anzusetzen.

Eine ähnliche Reaktion auf Schnittmaßnahmen ist das Austreiben schlafender Knospen. Beim radikalen Rückschnitt eines zu verjüngenden Strauchs wird häufig bis weit ins alte, völlig blattlose Holz zurückgeschnitten. Bei vielen Gehölzarten liegen unter der Rinde schlafende Knospen verborgen. Dies zeigt sich beispielsweise beim Verjüngen von Kirschlorbeersträuchern. Wenn Sie verkahlte Stämme auf Kniehöhe zurückschneiden, werden alsbald unterhalb der Schnittstelle etliche kleine Knubbel sichtbar. Sie sind ein Zeichen, dass sich schlafende Knospen zu regen beginnen. Der Rückschnitt zwingt den Strauch, seine Wachstumsenergie auf die verbliebenen alten Triebe zu konzentrieren und unter der Rinde verborgene Knospenanlagen zu aktivieren.

Wird der Haupttrieb geschnitten, treiben bevorzugt die direkt unter der Schnittstelle liegenden Knospen aus.

Bei manchen Gehölzen weckt der Rückschnitt unter der Rinde schlafende Knospen.

Wann schneiden?

Die Frage, wann man einem Gehölz zu Leibe rücken darf, ist ebenso knifflig wie einfach zu beantworten. Die einfache Antwort lautet „nach der Blüte". Mit diesem Prinzip, von dem es natürlich Ausnahmen gibt, gehen Sie auf Nummer sicher, wenn Sie sich etwa eine verwahrloste Weigelie oder eine kopflastige Tamariske vornehmen wollen. Sinnvoll ist das Prinzip deshalb, weil manche Pflanzen am Vorjahrestrieb blühen. Ein gutes Beispiel ist der Vergleich von Rambler- und Kletterrosen. Die meisten Ramblerrosen blühen am Vorjahrestrieb. Schneiden Sie sie im Frühjahr drastisch zurück, berauben Sie sie ihrer Blütenanlagen und sich selbst der sommerlichen Rosenblüte. Verschieben Sie den Rückschnitt bis kurz nach der Blüte, hat der Rambler Zeit, noch im selben Jahr Neutriebe zu bilden, die im Folgejahr blühen. Bei Kletterrosen dagegen bilden sich die Blütenknospen an den diesjährigen Trieben. Daher können Sie diese im Frühjahr stark zurückschneiden, und die Neutriebe schenken Ihnen noch im selben Sommer Blüten. Während das Schlimmste, was Ihnen bei Rosen passieren kann, ein blütenloser Sommer ist, kann bei anderen Gehölzen ein gründlicher Rückschnitt zum falschen Zeitpunkt deutlich bösere Folgen haben. Stellen wir uns etwa vor, Sie reduzieren im Frühherbst einen Strauch voller Elan auf sein Hauptgerüst. Noch ist es so warm, dass er neue grüne Zweige treibt; diese jedoch haben keine Chance, bis zum Winter auszureifen, weshalb sie bei stärkerem Frost verfrieren. Dies wiederum kann das Gehölz derart schwächen, dass es eingeht.

Die Zeiten für den Gehölzschnitt richten sich jedoch nicht immer allein nach der Anlage der Blütenknospen. So werden Äpfel traditionell im Winter geschnitten, Kirschbäume im Sommer. Dies fußt auf langen Erfahrungen mit dem Wuchsverhalten und der Beobachtung der Wundheilung der Bäume. Je langsamer Schnittwunden heilen, desto höher das Risiko, dass Krankheitserreger eintreten. Hecken wiederum sind eine völlig andere Geschichte. Idealerweise wartet man mit dem Heckenschnitt wenigstens bis Ende Juni, um nistende Vögel nicht zu stören. Doch keine Bange – halten Sie sich an die folgenden Tipps, und Sie erfreuen sich an prächtigen, gesunden Gehölzen.

DER PERFEKTE SCHNITT

Auch wenn viele Gehölze nach individuellen Schnittmaßnahmen verlangen – die ideale Schnittführung an einem Ast, Zweig oder Trieb ist immer gleich. Ob Blatt-, Blüten- oder Triebknospe: Setzen Sie den Schnitt zu nah daran an, ist die Knospe verloren. Setzen Sie die Schere hingegen zu weit davon entfernt an, bleibt ein „Huthaken" stehen, ein Stummel, der irgendwann zu verrotten beginnt und zum Einfallstor für Pilzinfektionen wird. Idealerweise setzen Sie die Schere 5–10 mm oberhalb von Knospe oder Knoten (Nodus) an. Führen Sie den Schnitt leicht schräg, damit auf der Schnittstelle kein Regenwasser stehen bleibt; es würde das Verrotten und Pilzinfektionen fördern.

Der ideale Schnitt liegt knapp oberhalb einer Knospe.

Die wichtigsten Schnittziele

Es gibt zahlreiche Herangehensweisen an einen Rückschnitt. Man unterscheidet folgende Schnitttypen: Verjüngungsschnitt, Neuaufbau, Ertragsschnitt und turnusmäßiger Erhaltungsschnitt. Für jedes Gehölz in Ihrem Garten gibt es den passenden Schnitt, und jeder Schnitt bringt ein anderes Resultat. Begutachten Sie den Baum oder Strauch, den Sie überarbeiten wollen, zunächst gründlich von allen Seiten. Müssen Sie ihn komplett zurückschneiden?

RADIKALER VERJÜNGUNGSSCHNITT

Diese Maßnahme dürfte den größten Teil der vor Ihnen liegenden Renovierungsarbeiten ausmachen. Anders als beim regelmäßigen Frühjahrsschnitt wird hier ein ausgewachsener Strauch bis auf sein Grundgerüst oder sogar bodennah zurückgeschnitten. Auf Seite 85 finden Sie eine Liste von Sträuchern, die sich auf diese Weise verjüngen lassen, und eine Beschreibung der Vorgehensweise.

ERSTE SCHRITTE BEI ALLEN WEITEREN SCHNITTMETHODEN

Wollen Sie das Gehölz nicht gänzlich kappen, sondern nur auslichten oder in Form schneiden, beginnen Sie mit den folgenden Vorarbeiten. Als Erstes entfernen Sie alles, was abgestorben ist. Dies ist am einfachsten, wenn das Gehölz im Laub steht, da Ihnen dann die kahlen Partien gut auffallen. Sind Sie unsicher, schaben Sie mit der Messer- oder Scherenklinge ein wenig Rinde ab. Ist der Zweig darunter feucht und grün oder hell, lebt er; wirkt er trocken und ist braun oder schwarz, dürfte er abgestorben sein. Führen Sie saubere Schnitte aus (siehe Kasten), und entsorgen Sie sicherheitshalber alle kranken Pflanzenteile im Müll. Entfernen und entsorgen Sie auch solche lebenden Zweige, die Anzeichen von Krankheit zeigen, etwa die kleinen orangeroten Stippen der Rotpustelkrankheit (Seite 24). Schneiden Sie des Weiteren alles ab, was beschädigt, abgeknickt oder angerissen ist. Halten Sie zum Schluss nach Ästen und Zweigen Ausschau, die die Gehölzform stören oder quer wachsen oder an anderen Ästen scheuern, und entfernen Sie auch diese. Nach dieser ersten Aufräumaktion können Sie sich an den nächsten Schritt machen, egal, ob Ihr Ziel die Verjüngung, die verbesserte Formgebung oder aber die vermehrte Blütenbildung ist.

Ein starker Rückschnitt lässt viele ältere Gehölze neu aus Ästen und Stämmen austreiben.

NEUAUFBAU

Manch ein Gehölz mag absolut gesund sein und an genau der richtigen Stelle stehen, aber es hat einfach nicht die richtige Form. Zu breit, zu hoch, zu dicht oder schlicht zu gewaltig für den Garten – es gibt viele Gründe, warum man etwas ändern will.

Krone verkleinern

Die Gesamtwirkung eines Gehölzes lässt sich durch eine Kronenverkleinerung abmildern. Dazu kürzen Sie die Krone ringsum um bis zu 40 Prozent ein. Ziel ist ein natürlich wirkendes Gehölz mit kleinerer Krone. Orientieren Sie sich bei der Arbeit an der natürlichen Gestalt des Gehölzes und achten Sie darauf, sie nicht zu einer Luftballonform zu reduzieren (der sogenannte Hausmeisterschnitt).

Das Ziel der neuen Formgebung ist ein natürlich wirkender Strauch.

Krone auslichten

Hat das Gehölz die richtige Größe und Form, behindert jedoch mit dem dichten Schatten seines Blätterdachs andere Pflanzen in unmittelbarer Nähe in ihrer Entwicklung, ist Auslichten eine Lösung. Das Ziel dieser Maßnahme sind natürlich wirkende Lücken in der Krone. Zu diesem Zweck werden gezielt Äste und Zweige aus dem Kronenbereich herausgenommen. Ein Verlust von 30 bis 40 Prozent der Blattmasse wirkt sich auf das Gehölz selbst kaum aus, verändert jedoch massiv die Lichtverhältnisse darunter. Da die Pflanze die Krone allmählich wieder schließt, muss diese Prozedur alle paar Jahre wiederholt werden.

Durch die ausgelichtete Krone gelangt mehr Licht an die unter dem Gehölz wachsenden Pflanzen.

Krone anheben

Das Anheben der Krone durch sogenanntes Aufasten ist bei alten Gehölzen eine weitere sinnvolle Maßnahme – sowohl bei Sträuchern als auch bei Bäumen: Entfernen Sie tief ansetzende Äste, Zweige und Grün. Das Ziel sind bis zu 2 m hohe nackte Stämme oder Äste; erst darüber soll sich eine grüne Krone entwickeln. So gelangt mehr Licht bis zum Boden, es wird Beetfläche frei für Stauden und andere Pflanzen, und im Garten ergeben sich neue Sichtachsen.

Individueller Pflegeschnitt

Haben Sie den Sträuchern und Bäumen in Ihrem Garten neues Leben eingehaucht, so sind Sie in den Folgejahren gefordert, mit diversen Pflegeschnitten für regelmäßigen Blüten- und Fruchtansatz und attraktives Laub zu sorgen. Dabei können für verschiedene Gehölzarten gänzlich unterschiedliche Vorgehensweisen notwendig sein. Die Teehybriden unter den Rosen etwa setzen im Laufe der Jahre immer weniger Knospen an, wenn man sie nicht jedes Frühjahr drastisch zurückschneidet. Mehr zum Thema Rosenschnitt finden Sie ab Seite 68.

ERHALTUNGSSCHNITT

Diese Schnittmaßnahmen sind auch nach dem ersten Grundschnitt alljährlich nötig, um Ihre Gehölze gesund, formschön und attraktiv zu erhalten. Der Blutrote Hartriegel (*Cornus sanguinea*) ist dafür ein gutes Beispiel. Wird dieser nicht jedes Frühjahr stark zurückgeschnitten, zeigt er nicht die langen roten Triebe, derentwegen wir ihn pflanzen – sein ganzer Wert als Winterzierde wäre dahin. Viele Gehölze, vom Formgehölz über Sträucher und Bäume bis zu Hecken, müssen alljährlich auf die eine oder andere Weise geschnitten werden, damit sie tun, was wir von ihnen erwarten.

WERKZEUG

Da auch nach einer Grundrenovierung alljährlich Schnittarbeiten anfallen, um den Garten in Bestform zu erhalten, lohnt es, von Anfang an in vernünftiges Werkzeug zu investieren. Am wichtigsten ist eine gute Gartenschere. Die Frage, ob Bypass- oder Ambossschere, ist leicht beantwortet: Erstere ist vielseitiger. Besonders hochwertige Gartenscheren fertigen Niwaki und Felco; von beiden Herstellern gibt es passende Gürteletuis, die die Schere immer griffbereit halten. Unverzichtbar ist außerdem eine kräftige Astsäge, besonders praktisch als Klappversion – leicht und handlich, scharf und perfekt für die Gesäßtasche. Astschere und Bügelsäge komplettieren Ihre Ausstattung. Gute Hebelwirkung entfalten Astscheren mit langen oder sogar ausziehbaren Griffen. Bei der Bügelsäge gilt: Je größer, desto besser – diese kommt bei Stämmen mit größerem Durchmesser zum Einsatz.

Gut zu wissen

Baumschutzsatzung: Bevor Sie mit der Arbeit beginnen, erkundigen Sie sich bei Ihrer Gemeinde, welche Bäume (Baumart und Größe) in ihrer Region gesetzlich geschützt sind und in welchem Zeitraum Schnittarbeiten erlaubt sind (wegen dem Vogelschutz, mehr dazu auf Seite 16).

Schnittgutentsorgung: Beim Gehölzschnitt fällt unweigerlich eine große Menge an Schnittgut bis hin zu Stammabschnitten an. Damit kann man auf verschiedene Weise umgehen. Sie können die Grünabfälle am Recyclinghof abgeben oder über die Biotonnen der städtischen Müllabfuhr entsorgen. Sollten bei Ihnen sehr große Mengen anfallen, können Sie einen Schredderdienst beauftragen. Professionelle Schredder zerkleinern Äste von bis zu 5 cm und mehr Durchmesser zu 2 × 2 cm großen Holzhäckseln, was das Gesamtvolumen massiv reduziert. Mit diesen Häckseln können Sie Wege ausstreuen; als Mulch für Beete sollten Sie sie zunächst etwa ein Jahr lang lagern, da sie in frischem Zustand dem Boden Stickstoff entziehen. Bei dünnen Ästen und Zweigen kann es lohnen, sie zur Seite zu legen, um sie später als natürliche Staudenstützen zu verwenden.

Professionelle Gehölzschneider und Baumchirurgen: Manchmal ist eine Aufgabe einfach zu groß oder zu gefährlich, um sie selbst in Angriff zu nehmen – beauftragen Sie damit einen Fachmann.

Das A und O des Gehölzschnitts

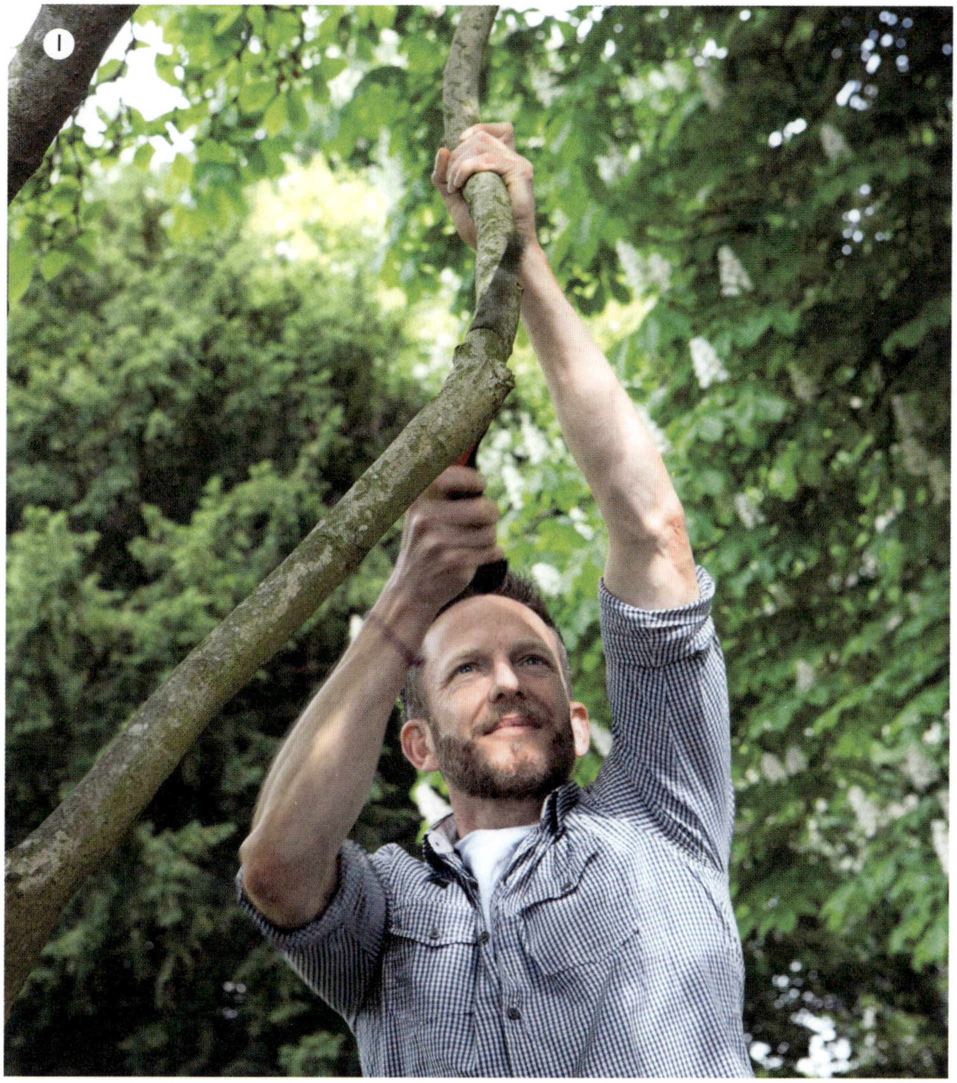

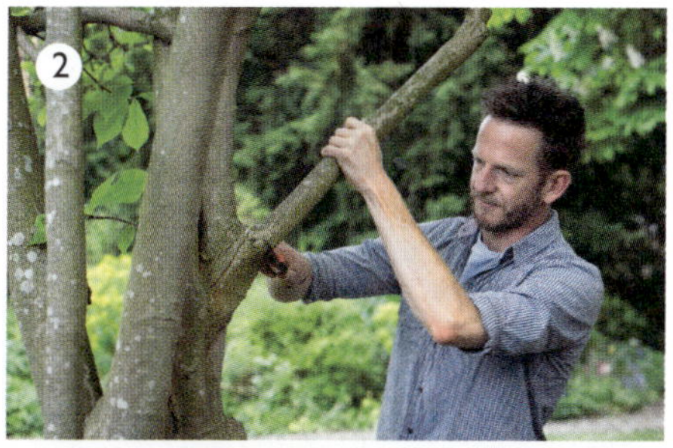

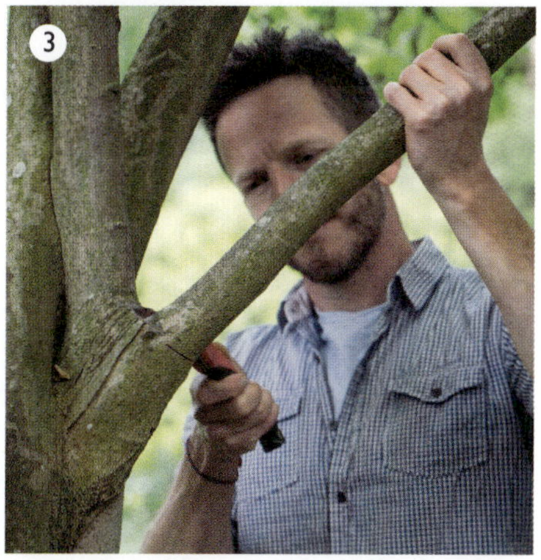

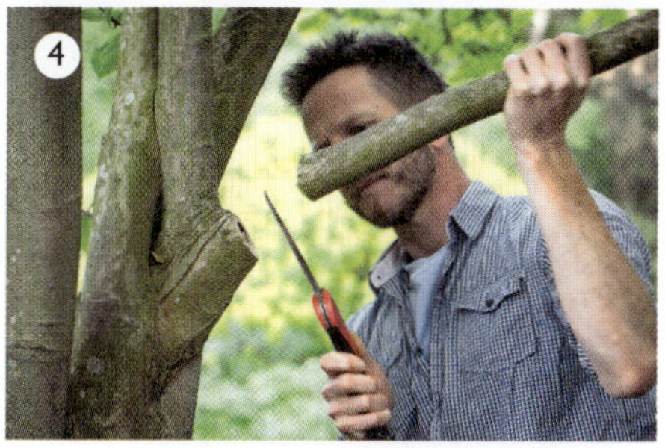

1. Hauptlast abnehmen: Sägen Sie den Ast wenigstens 50 cm vom Ansatz entfernt unterseits an und danach etwas weiter außen von oben her durch. Damit verhindern Sie, dass der Ast beim Absägen herunterbricht und die Rinde bis zum Stamm einreißt – solche Wunden verheilen schlecht.

2. Identifizieren Sie den Rindenwulst, der den Astansatz kennzeichnet; setzen Sie direkt außerhalb dieses Astrings erneut einen Schnitt an der Astunterseite. So besteht auch hier keine Gefahr, dass die Rinde einreißt, wenn Sie das verbliebene Aststück absägen.

3. Sägen Sie von oben her sauber durch bis zum unterseitigen Schnitt.

4. Das Ergebnis sollte eine glatte Schnittfläche sein, die vom Stamm schräg nach außen läuft, sodass Wasser und Pilzinfektionen keine Chance haben. Lassen Sie sich nicht verleiten, die Schnittfläche mit Baumwachs zu versiegeln – im besten Fall hilft es nicht, im schlechtesten schließt es Pilze ein.

Gute Kallusbildung an einer alten Schnittwunde.

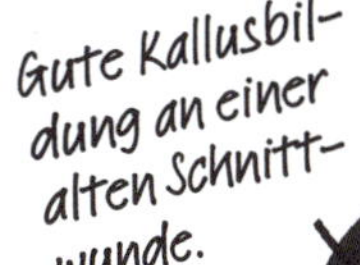

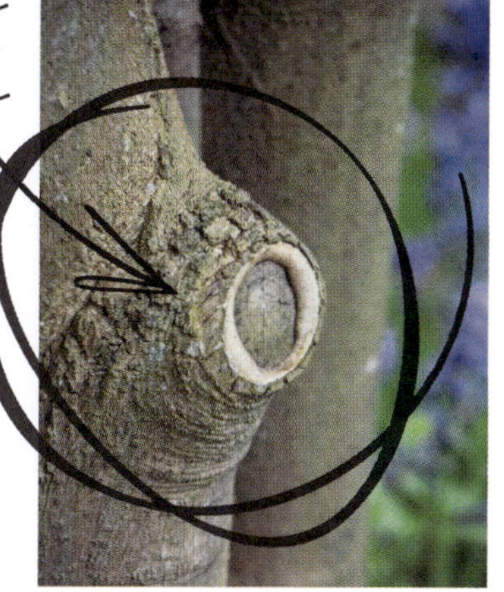

Rosenbüsche

In Sachen Rückschnitt zählen Rosen zu den Pflanzen, die am häufigsten falsch behandelt werden. Viel zu oft werden sie Jahr für Jahr nur sehr zaghaft geschnitten, bis sie als hässliche langbeinige Ungetüme enden, die auf knorrigen, stachligen Stämmen nur wenig lichtes Laub und hin und wieder eine Blüte tragen. Zum Glück lässt sich den meisten dieser armen gequälten Kreaturen mit wenig Aufwand zu neuer Schönheit verhelfen.

Meine Vorgehensweise mag recht drastisch erscheinen, bringt aber – so meine Erfahrung – in 96,2 Prozent der Fälle hervorragende Ergebnisse. Sie können sie nicht nur auf Teehybriden und Floribundas anwenden, sondern auf alle Beet- und Strauchrosen, die Sie im Garten vorfinden: Englische und Polyantharosen ebenso wie Bodendeckerrosen. All diese Rosentypen reagieren auf einen Verjüngungsschnitt typischerweise mit Neutrieben aus der Basis heraus, sodass Sie sich im Nu an einem üppigen, ausgewogenen, gesunden und blühwilligen Rosenbusch erfreuen können.

Andere Rosen verjüngen

Überalterte Wildrosen und Alte Rosen wie Damaszener-, Gallica-, Bourbon-, China-, Alba- und Moschusrosen lassen sich eine derart radikale Verjüngung nicht gefallen. Stattdessen nimmt man bei diesen sämtliche alte Stämme bodentief heraus und lässt zugleich bis zu einem Drittel des Strauchs – ausschließlich junge, ein- bis zweijährigen Triebe – unangetastet (Verjüngung von Kletter- und Ramblerrosen: Seite 70).

TEEHYBRIDEN VERJÜNGEN

1. Begutachten Sie die Rose. Idealerweise entspringen aus der Basis mehrere gesunde Triebe in vollem Laub. Sollte dies der Fall sein, muss die Rose lediglich im Frühjahr auf halbe Höhe zurückgenommen werden. Das Ziel ist ein vasenförmiger Wuchs. Schneiden Sie jeweils auf eine nach außen weisende Knospe. Sollte die Rose hingegen unzählige nackte Stämme und wenig Laub aufweisen, ist ein Verjüngungsschnitt angesagt.

2. Für den Verjüngungsschnitt nehmen Sie im zeitigen Frühjahr mit der Klappsäge, Ast- oder Gartenschere die dicken Rosenstämme auf etwa 30 cm zurück. Wahrscheinlich haben Sie jetzt nichts als ein paar kahle Stämme vor sich; das sollte Sie jedoch nicht irritieren. Kürzen Sie die verbliebenen dünneren Stämme auf etwa 10 cm. Diesen zweiten Schnitt setzen Sie nach Möglichkeit knapp über einer nach außen weisenden Knospe an.

3. Rosen sind hungrige Gesellen, die sich willig alles an Nährstoffen einverleiben, was der Boden hergibt. Der Verjüngungsschnitt mit dem darauf folgenden massiven Neutrieb macht die Rose hungriger denn je – düngen Sie daher direkt im Anschluss an den Schnitt. Bringen Sie einen ausgewogenen, langsam wirkenden Naturdünger aus und mulchen Sie mit kompostiertem Mist. Im Laufe der Saison folgt flüssiger Algendünger als Blattdünger.

Kletterrosen

Die Verjüngung von Kletterrosen zählt für mich zu den erfreulichsten Eingriffen überhaupt. Bei der richtigen Vorgehensweise lässt sich ein blütenloses, völlig unattraktives Gewirr von Trieben in weniger als vier Monaten in eine gut aufgebaute, reich blühende Pflanze verwandeln. Die folgende Schritt-für-Schritt-Anleitung zeigt, wie Sie dabei vorgehen und was Sie als Ergebnis erwartet.

KLETTERROSEN VERJÜNGEN

1. Beginnen Sie, indem Sie alle abgestorbenen, kranken, beschädigten und sich kreuzenden Triebe entfernen. Lassen Sie dabei die Befestigung der Kletterrose an Wand oder Zaun intakt, damit Sie nach der ersten Aufräumaktion beurteilen können, welche der verbliebenen Stämme Sie weiterhin erhalten wollen.

2. Legen Sie sich auf fünf bis acht kräftige, jüngere Triebe fest, die zunächst an der Rankhilfe festgebunden bleiben. Entfernen Sie dann vorsichtig alle überalterten Stämme, indem Sie diese zerteilen und Stück für Stück bis zum Boden hinunter herauslösen.

3. Setzen Sie eine Schutzbrille auf, und lösen Sie die Befestigung der verbliebenen fünf bis acht Triebe. Vorsicht, sie entwickeln dabei ein Eigenleben – daher die Schutzbrille. Erneuern Sie, falls nötig, die Rankhilfe – vorzugsweise waagerechte Spanndrähte in 30 cm Abstand.

4. Befestigen Sie die Triebe aufgefächert an der Rankhilfe, doch versuchen Sie, jeden Trieb dabei möglichst flach zu führen. Kürzen Sie sämtliche Seitentriebe auf wenige Knospen ein. In Kombination garantieren diese beiden Maßnahmen reiche Blütenpracht im Sommer.

5. Wie jede andere Pflanze benötigt auch die Kletterrose nach diesem Radikalschnitt reichlich Dünger für den Neutrieb. Da Rosen ganz besonders hungrig sind, empfehlen sich großzügige Gaben von Hornmehl und eine ordentliche Portion abgelagerten Stallmist.

6. Der Mühe Lohn! Vier Monate nach der Verjüngung und Generalüberholung haben sich an den horizontal gezogenen Stämmen der Kletterrose bereits Blütentriebe gebildet, und auch der untere Bereich ist dank der Neupositionierung der Triebe wieder grün.

UNTERSCHIEDLICHE BEHANDLUNG VON KLETTERROSEN UND RAMBLERN

Auch wenn Kletter- und Ramblerrosen auf den ersten flüchtigen Blick ähnlich scheinen, unterscheiden sie sich in ihrem Wuchsverhalten und damit in ihren Anforderungen an den Schnitt. Wie bereits festgestellt, produzieren Kletterrosen ihre Blütenknospen am diesjährigen Holz. Rambler blühen dagegen an den Trieben des Vorjahrs. Daraus ergibt sich für den Verjüngungsschnitt sowie für jeden anderen Rückschnitt, dass er beim Rambler direkt nach der sommerlichen Blüte erfolgen muss. So kann die Rose noch während der Saison die Neutriebe entwickeln, an denen sich im nächsten Jahr die Blütenknospen bilden.

Andere Pflanze – gleicher Schnitt

Die Weinrebe (*Vitis*) schneiden Sie ähnlich wie Kletterrosen auf ein luftiges, gut strukturiertes Gerüst zurück. Für Kletter-Hortensien (*Hydrangea*) und Waldreben (*Clematis*) schauen Sie auf die Seiten 81 bzw. 87.

Frühjahrsblühende Sträucher

Frühjahrsblühende Sträucher geraten gern besonders ausladend. Lässt man ihnen ihren Willen, sind sie schon nach wenigen Jahren viel zu groß und verlieren ihre Blühkraft. Diese Sträucher kann man auf zwei Weisen verjüngen. Die Radikalkur birgt Risiken: Hier wird der gesamte Strauch auf eine Handbreit über dem Boden gekürzt, der Fachmann nennt dies „auf den Stock setzen". Bei diesem Vorgehen kann es geschehen, dass ein alter Strauch eingeht oder lediglich schwache Neutriebe bildet, die sich nie zu einem vernünftigen Strauch entwickeln. Viele überalterte Gehölze jedoch erwachen danach zu neuem Leben. Wollen Sie auf Nummer sicher gehen, verjüngen Sie den Strauch in Etappen. Dies ist dem regelmäßigen Erhaltungsschnitt im Frühjahr, den Sie in Zukunft regelmäßig vornehmen werden, recht ähnlich. Sollten Sie sich für die Radikalkur entscheiden, sollten Sie die Aktion im zeitigen Frühjahr vornehmen. Wenn dann der Saft steigt, wird er direkt zu den schlafenden Knospen in den verbliebenen Stümpfen gelenkt und bringt sie zum Austreiben. Eine etappenweise Verjüngung wiederum nehmen Sie idealerweise jeweils nach der Blüte im Spätfrühling oder Frühsommer vor.

ETAPPENWEISE VERJÜNGUNG

1. Machen Sie sich ein Bild von der Gesamtwirkung des Strauchs. Für einen ausgewogenen, symmetrischen Wuchs entfernen Sie zunächst mit der Astsäge bodennah sämtliche Triebe, die nicht ins Bild passen. Strauchtriebe stehen oft sehr dicht; achten Sie darauf, keine verbleibenden Stämme zu verletzen.

2. Nehmen Sie als Nächstes ein Drittel bis die Hälfte der Triebe, und zwar die ältesten, bodennah zurück. Da ältere Triebe die jüngeren oft stützen, geben die verbleibenden Triebe nach dieser Auslichtung oft nach. Es kann also sein, dass der Strauch nun auseinanderfällt.

3. Ihnen sollte nun ein Strauch mit überwiegend ein- und zweijährigen Trieben verbleiben. Die jüngsten, womöglich etwas schwächlichen Triebe können anfangs von einer Stütze profitieren. Auf Dauer aber sollten Sie darauf verzichten, denn es ist gerade die Bewegung durch Wind und Wetter, die diese Triebe stärker und gerader werden lässt. Wie bei den Rosen sind auch hier nach dem Rückschnitt Düngergaben angesagt (Seite 68).

4. Wiederholen Sie den Vorgang in zwei Jahren, und die Verjüngung ist perfekt.

Anderer Strauch – gleicher Schnitt

Bodnant-Schneeball (*Viburnum × bodnantense*), Hasel, Deutzie, Forsythie, Johannisbeere, Pfaffenhütchen (*Euonymus europaeus*), Pfeifenstrauch (*Philadelphus*), Radspiere (*Exochorda*)

Glyzinien

Glyzinien (*Wisteria*), auch Blauregen genannt, sind mit ihren langen Blütentrauben nicht nur äußerst schön anzusehen, sondern sie zählen auch zu den langlebigsten Gartenpflanzen. Sie können gut und gern über 100 Jahre alt werden; mit massiven Stämmen und unzähligen blütenbehangenen Seitenästen steht ein solches Exemplar dann nahezu baumgleich da. Wird dieser Schlinger sich selbst überlassen, kann er sich zu einer gewichtigen, für den durchschnittlichen Garten viel zu mächtigen Pflanze entwickeln. Ob und wie ein solcher Blauregen zu zähmen ist, hängt von seinem Alter ab. Ein bis zu 20 Jahre altes Exemplar können Sie relativ einfach verjüngen; eine 50 bis 100 Jahre alte Glyzinie ist schon eine Herausforderung.

GLYZINIEN VERJÜNGEN: STAMMSTÄRKE BIS 5 CM

1. Eine noch relativ junge Glyzinie, die außer Kontrolle geraten ist, lässt sich mit einem drastischen Rückschnitt im Spätwinter gut zum Blühen bewegen. Nehmen Sie alle langen, vorjährigen Peitschentriebe auf etwa 30 cm zurück.

2. Ohne die Peitschentriebe sollte nun das Grundgerüst der Schlingpflanze sichtbar sein. Da diese älteren Triebe noch recht biegsam sind, können Sie sie bei Bedarf umleiten, um Lücken an der Wand oder am Zaun zu schließen.

Verwenden Sie zum Anbinden keinen Draht, sondern feste Schnur.

3. Fächern Sie die Haupttriebe auf und fixieren Sie sie so waagerecht wie möglich. Ziel ist eine möglichst gleichmäßige Verteilung. Bedenken Sie dabei auch die Länge der Blütentrauben.

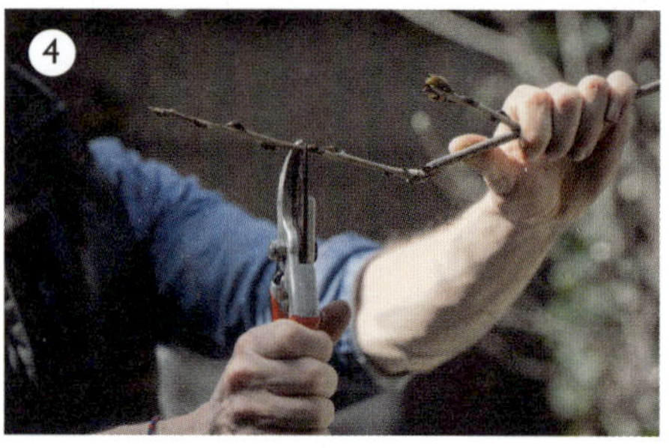

4. Nehmen Sie sämtliche Seitentriebe auf vier bis sechs Knospen zurück. Die Schlingpflanze sollte nun ihre ganze Kraft auf diese Knospen konzentrieren, um sie im Frühjahr in Blütenknospen zu verwandeln. Bedenken brauchen Sie keine haben: Sollten Sie tatsächlich alles falsch machen, ist das Schlimmste, was passieren kann, dass Sie ein Jahr ohne Blüten aushalten müssen.

Eine gut geschnittene Glyzinie entwickelt sich im Spätfrühling zu einer üppigen Blütenkaskade.

Glyzinien verjüngen: Stammstärke bis 15 cm

Eine Kletterpflanze dieser Stärke hat zwar schon ziemlich festes Holz, lässt sich aber immer noch beeinflussen. Sägen Sie bei einer mehrstämmigen Glyzinie einige besonders starke Stämme heraus; dabei können Sie zugleich verzwirbelte Triebe loswerden. Dies verschafft dem Schlinger Luft. Nehmen Sie sodann sämtliche den Hauptstämmen entspringende Seitenäste auf drei bis vier Knospen zurück.

Glyzinien verjüngen: Stammstärke über 15 cm

Auch ein Blauregen-Methusalem lässt sich verjüngen, wenn er blühfaul oder schlicht zu groß geworden ist. So radikal es klingen mag: Sie können Glyzinienstämme bis zur Stärke von 30 cm im Frühjahr auf 20 cm Höhe kappen, sodass nichts als ein Stumpf übrig bleibt. Im Nu treibt die Pflanze neue Peitschentriebe aus der Basis. Binden Sie diese sauber an. Es kann Ihnen allerdings passieren, dass dieser Blauregen in den nächsten paar Jahren mit der Blüte aussetzt.

Apfelbäume

In vielen alten Gärten stehen Apfelbäume von bemerkenswertem Alter. Nicht selten hat ein Hausbesitzer nach dem anderen sich daran im Obstbaumschnitt geübt – das Ergebnis sind seltsame Baumformen oder schlechter Ertrag. Doch auch einen so alten Baum kann man mit dem richtigen Verjüngungsschnitt im Verlauf einiger Jahre in einen gut fruchtenden Baum verwandeln und erhaltenswert machen. Den Großteil dieser Maßnahmen sollten Sie zur Ruhezeit im Winter vornehmen.

EINEN VERSCHNITTENEN APFELBAUM VERJÜNGEN

1. (1. Jahr) Überprüfen Sie den Baum auf Krankheiten einschließlich Baumkrebs. Sollten Sie Anzeichen dafür sehen, möglicherweise sogar diverse, kann ein Rettungsversuch unsinnig sein. Ersetzen Sie einen solchen kranken Baum lieber durch eine neue gesunde Sorte; pflanzen Sie den neuen Baum jedoch nicht an exakt dieselbe Stelle.

2. (1. Jahr) Entfernen Sie tote, kranke und beschädigte Äste und Zweige. Bedenken Sie, dass die meisten Bäume auf das Entfernen von mehr als einem Viertel des Holzes mit unzähligen nicht fruchtenden Wasserschossen reagieren. Das Ziel ist eine lichte Krone; nehmen Sie daher, falls nötig, einen oder zwei starke, nach innen wachsende Äste heraus. Im folgenden Sommer erscheinen an diesen Schnittstellen möglicherweise junge Schosse – entfernen Sie diese laufend.

2., 3. und 4. Jahr

3. (2. Jahr) Seit dem vergangenen Winter wurde der Baum in Ruhe gelassen; nun folgt die zweite Verjüngungsphase. Wurde ein Baum in der Vergangenheit zu stark geschnitten, bildet er eine Unzahl an Wasserschossen. Entfernen Sie rund die Hälfte davon bis hinab zu den Gerüstästen; die verbleibenden vertikalen Triebe kürzen Sie um etwa 10 cm ein.

4. (3. Jahr) Reduzieren Sie die Zahl der alten Wasserschosse erneut um die Hälfte; nehmen Sie sie sauber bis zu den Gerüstästen zurück. Diese schrittweise Reduzierung hält das Wiederauftreten nicht fruchtender Wassertriebe in Grenzen.

5. (3. Jahr) Die verbliebenen Wassertriebe sollten nun Seitentriebe aufweisen. Kürzen Sie sowohl die Spitze des Wassertriebs als auch seinen obersten Seitentrieb um etwa 10 cm. Hierauf wird der Baum mit der Anlage von Blütenknospen reagieren. Düngen Sie im Jahr nach einem solchen Rückschnitt den Wurzelbereich mit Horn- und Knochenmehl.

6. (4. Jahr) Der Baum sollte nun wieder gut fruchten, und ein regulärer Schnitt sollte den Obstertrag konstant hoch halten. Der Apfelbaumschnitt ist eine hohe, aber erlernbare Kunst, die auch Sie sich im Verlauf einiger Jahre aneignen können. Übrigens: Wollen Sie wissen, welche Apfelsorte bei Ihnen steht? Dieses Geheimnis lässt sich lüften: Lassen Sie Ihre Sorte bei einem „Tag des Apfels“ in Ihrer Region bestimmen!

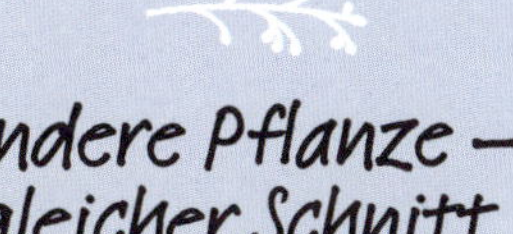

Andere Pflanze – gleicher Schnitt

Bei Zierapfel, Birne und Quitte können Sie genauso vorgehen, wenn der Baum nicht mehr ausreichend fruchtet. Manche Obstarten aber sollten im Winter nicht geschnitten werden, da bei ihnen dadurch die Gefahr einer Pilzinfektion deutlich steigt. Steinobst wie Kirschen, Pflaumen, Aprikosen und Pfirsiche sollte grundsätzlich nur während der Wachstumszeit geschnitten werden.

Hortensien

Sollte Ihnen der Sinn nach sanften Farben von Ende Juni bis zum Herbst stehen, sind Hortensien nicht zu toppen. Größter Beliebtheit erfreuen sich die Garten-Hortensien (*Hydrangea macrophylla*), auch Bauernhortensien genannt, deren Verjüngung ich im Folgenden Schritt für Schritt zeige. Andere Hortensien-Arten verlangen nach anderen Schnittmethoden. Die Rispen-Hortensien (*Hydrangea paniculata*) mit ihren beeindruckend großen kegelförmigen Blütenständen sollten grundsätzlich jedes Frühjahr radikal zurückgeschnitten werden, auch wenn es Ihnen gar nicht um eine Verjüngung geht. Sie können den gesamten Strauch vor dem Blattaustrieb bodennah zurücknehmen – setzen Sie die Schere dazu knapp über dem tiefsten prallen Knospenpaar an. Die beliebte Wald-Hortensie *Hydrangea arborescens* 'Annabelle' wird ebenso behandelt.

Die Eichenblättrige Hortensie (*Hydrangea quercifolia*) und die Raue Hortensie (*H. aspera*) schmücken sich nicht nur mit Blüten, sondern noch dazu mit attraktivem Laub. Abgesehen vom klassischen Erhaltungsschnitt (Seite 63) legt man an diese Arten normalerweise nicht Hand an. Ist ein solcher Strauch altersschwach oder gar zusammengebrochen, ersetzen Sie ihn sinnvollerweise gleich ganz.

Die Kletter-Hortensie (*Hydrangea anomala* subsp. *petiolaris*) lässt sich im Frühjahr mit einem radikalen Rückschnitt bis aufs Gerüst verjüngen, wird allerdings in einem solchen Jahr unvermeidlich mit der Blüte aussetzen.

GARTEN-HORTENSIEN VERJÜNGEN

1. Beginnen Sie mit dem Schnitt der Garten-Hortensien (*Hydrangea macrophylla*) im Frühjahr noch vor dem Blattaustrieb. Betrachten Sie die Pflanze zunächst genau. Entfernen Sie dann wie gewohnt alle toten, kranken, schadhaften und scheuernden Triebe (Seite 63). Sind Sie nicht sicher, ob ein Trieb noch lebt, schaben Sie etwas Rinde ab – lebendige Triebe sind darunter grün und leicht feucht.

2. Entfernen Sie die trockenen vorjährigen Blütenstände. (Diese sind im Winter nicht nur eine schöne Zierde, sondern bilden auch einen gewissen Schutz für neue Knospen.) Nehmen Sie die abgeblühten Triebe nur bis zum obersten prallen Knospenpaar zurück, aus dem Blätter und die diesjährigen Blütentriebe sprießen werden.

3. Um eine in die Jahre gekommene, blühfaul gewordene Hortensie zu verjüngen, nehmen Sie einen Teil der ältesten Triebe heraus; diese sind besonders dick und knorrig und daher leicht zu erkennen. Schneiden Sie drei bis fünf dieser alten Triebe bodentief ab; achten Sie jedoch darauf, dass der Strauch weiterhin ausgewogen wirkt.

4. Düngen Sie nach dem Rückschnitt kräftig mit Hornmehl oder Rhododendrondünger, um Neutrieb und Blütenbildung zu fördern. Wenn Sie mit alaunhaltigem Spezialdünger düngen, färben sich manche rosa blühende Sorten während der nächsten Jahre blau.

Aus der Basis erneuernde Sträucher

Bleiben Sträucher und Halbsträucher, die aus der Basis austreiben, einige Jahre ungeschnitten, sehen sie trotzdem recht gut aus. Doch irgendwann gehen Blüten und somit auch Früchte in Größe und Anzahl immer weiter zurück, zum Beispiel bei der Schwarzen Johannisbeere. Wenn die Pflanzen letztlich immer kahlere, weit ausladende Triebe bilden, ist es Zeit für eine Verjüngungskur. Zum Glück nehmen Ihnen diese strauchigen Gewächse die halbe Arbeit der Verjüngung ab, denn sie regenerieren sich ganz von selbst, indem sie aus der Basis neue Triebe emporschicken. Auch die winterharte Fuchsie (*Fuchsia magellanica*) zeigt dieses Verhalten. Sie friert im Winter trotz Abdeckung häufig stark zurück, präsentiert im Frühjahr aber bald neues Leben an der Basis. Wenn Sie nun alle alten Triebe entfernen, lässt die Pflanze mit Macht ihre Neutriebe sprießen und später blühen.

1. Überprüfen Sie im Frühjahr, ob die Pflanze sich bereits aus der Basis erneuert und Triebe aus dem Boden schiebt. Ist dies der Fall, können Sie mit der Verjüngung beginnen. Die Neutriebe sind zu diesem Zeitpunkt zart und brechen leicht – hantieren Sie daher mit dem Werkzeug sehr vorsichtig, um diese nicht zu verletzen.

2. Schneiden Sie die ältesten Triebe bis zur Basis zurück. Sind die Äste sehr schwer, nehmen Sie zunächst das Hauptgewicht ab wie auf Seite 67 beschrieben.

Andere Pflanze – gleicher Schnitt

Häufig verlieren sich mit der Zeit auch andere attraktive Merkmale: So zeigen mehrere Jahre alte Triebe vom Hartriegel *Cornus alba* 'Sibirica' nicht mehr die schön tiefrote (bzw. bei der Sorte 'Kesselringii' die schwarze) Rindenfärbung. Das gleiche gilt für den Gelbholz-Hartriegel *C. sericea* 'Flaviramea'.

3. Bringen Sie nach dem Rückschnitt rund um die Pflanze Hornmehl aus, wässern und mulchen Sie gründlich.

4. Der Mühe Lohn: Die Neutriebe sind da!

Immergrüne Sträucher

Kleinlaubige immergrüne Sträucher sind für den Garten unerlässlich – im Winter als grüne Strukturgeber, im Sommer als ruhiger flächiger Kontrast zu Stauden und locker wachsenden Büschen. Die Mehrzahl können Sie zu klassischen Formgehölzen oder anderen, zu Ihrem Garten passenden Formen schneiden. Alternativ können Sie sie auch unter Berücksichtigung des natürlichen Wuchses ganz unauffällig zähmen. Den meisten immergrünen Sträuchern darf im Zuge eines Verjüngungs- oder Neuformungsschnitts die Hälfte oder mehr ihrer Blatt- und Holzmasse genommen werden, ohne dass sie ins Straucheln geraten. Sie können also beispielsweise einen wild wuchernden Liguster (*Ligustrum*) zu einer schicken Kugel trimmen oder eine disziplinlose Heckenkirsche (*Lonicera*) zu einer natürlich wirkenden wogenden Form zurückschneiden.

IMMERGRÜNE STRÄUCHER FORMEN UND VERJÜNGEN

1. Machen Sie sich ein Bild vom Strauch und davon, wie er von Natur aus wachsen möchte. Kommt Ihnen diese Gestalt entgegen, können Sie sie verfeinern. Oder muss er neu aufgebaut werden? Wird er als Formgehölz oder als freiere, mit leichter Hand geführte Form besser wirken?

2. Begeben Sie sich im Frühjahr mit der Heckenschere an die Arbeit, immer die gewünschte Form vor Augen. Ob Sie brav oberhalb einer Knospe schneiden, ist in diesem Stadium egal – diese Pflanzen kümmert es nicht. Arbeiten Sie langsam und ruhig, und treten Sie immer wieder einmal einen Schritt zurück, um die Form zu begutachten.

3. Wenn die angestrebte Form einigermaßen zu erkennen ist, wechseln Sie zur Buchs- oder Gartenschere, um die Gestalt weiter herauszuarbeiten. Schließen Sie die Arbeit mit einer Gabe Hornmehl ab. Je mehr Blattmasse Sie entfernt haben, desto wichtiger ist diese Düngung.

Anderer Strauch – gleicher Schnitt

Buchs, kleinblättrige Zwergmispel (*Cotoneaster*), Spindelstrauch, Japanische Stechpalme (*Ilex crenata*), Heckenkirsche (*Lonicera nitida* und *L. pileata*), Gamander (*Teucrium*)

Radikaler Verjüngungsschnitt

Während so manche Pflanze gezielt und behutsam in Richtung Erneuerung bugsiert werden muss, ist bei etlichen anderen derartige Vorsicht überflüssig. Tatsächlich könnte das ein Grund sein, warum diese schon seit Generationen als Gartengehölze beliebt sind. Typisch für Pflanzen, die sich von einem radikalen Rückschnitt um 90 Prozent im Nu erholen und mit kräftigem Neuaustrieb reagieren, ist der Holunder (*Sambucus*), deren Verjüngungskur in der folgenden Schritt-für-Schritt-Anleitung gezeigt wird.

Dieselbe Vorgehensweise können Sie im Frühjahr auf alle rechts aufgeführten Pflanzen anwenden. Sie alle werden rasch mit einem Neutrieb reagieren. Stellen Sie sich jedoch darauf ein, dass Sie bei einigen im Jahr der Radikalkur keine Blüten erleben werden. Sommerflieder (*Buddleja*) und Johanniskraut (*Hypericum*) aber treiben schon im selben Jahr wieder Blütenknospen, weshalb Sie diese immer wieder mit drastischem Rückschnitt auf die gewünschte Form und Größe beschränken können.

Gehölze, die einen Radikalschnitt auf 30 cm vertragen

Jakobskraut (*Brachyglottis* 'Sunshine'), Sommerflieder (*Buddleja*), Japanische Kamelie (*Camellia japonica*, in geschützten Lagen), Trompetenbaum (*Catalapa*), Winterblüte (*Chimonanthus*), Hartriegel (*Cornus*), Hasel (*Corylus*), Perückenstrauch (*Cotinus*), winterharte Fuchsie, Strauchveronika (*Hebe*), Großblütiges Johanniskraut (*Hypericum calycinum*), *Ilex*, Indigostrauch (*Indigofera*), Ranunkelstrauch (*Kerria*), Kirschlorbeer (*Prunus laurocerasus*), Lorbeer (*Laurus nobilis*, frostfrei überwintern), Malve (*Lavatera*), Heckenkirsche (*Lonicera*), Mahonie, Oleander (*Nerium*, frostfrei überwintern), Blauraute (*Perovskia*), Glanzmispel (*Photinia*), Beet- und Strauchrosen, Weide (*Salix*), Holunder (*Sambucus*), Heiligenkraut (*Santolina*), Fleischbeere (*Sarcococca*), Japanischer Spierstrauch (*Spiraea japonica*), Flieder (*Syringa*), Eibe (*Taxus*), Stechginster (*Ulex*), Weigelie

Viele Gehölze können zum Verjüngen radikal zurückgeschnitten werden.

1. Nehmen Sie das Gewicht ab, indem Sie alle Stämme auf maximal 1 m kürzen (Seite 67).

2. Kürzen Sie erneut gezielt, diesmal auf etwa 30 cm, knapp oberhalb von schlafenden oder treibenden Knospen.

3. Zum optimalen Start geben Sie stickstoffbetonten Dünger und halten den Boden um die Pflanze feucht.

PFLANZEN MIT BESONDEREN ANSPRÜCHEN

Viele Gartengehölze lassen sich „Verjüngungskategorien“ zuordnen und dann recht einheitlich per Radikalkur oder per etappenweisem Rückschnitt verjüngen. Manche Arten allerdings stellen ganz individuelle Ansprüche. Werden diese auf die falsche Weise oder zur falschen Zeit geschnitten, sind sie womöglich dahin. Auf dieser Seite finden Sie ein paar Kandidaten, die mit Fingerspitzengefühl geschnitten werden müssen.

Keulenlilie (Cordyline) und Palmlilie (Yucca)

Diese ein- bis mehrstämmigen verholzenden Pflanzen können ausgepflanzt 3 m und höher werden. Bei uns wachsen sie jedoch zwecks frostfreier Überwinterung in großen Gefäßen. Die Pflegemaßnahmen beschränken sich auf das Entfernen abgestorbener Blätter, ohne jeglichen Schnitt am Holz – und natürlich auf das Einräumen ins Winterquartier. Ist die Pflanze zu groß geworden, können Sie sie im Frühjahr auf 1 m oder gar auf 50 cm zurücknehmen; mit großer Wahrscheinlichkeit treibt sie dann aus den unter der Rinde schlafenden Knospen wieder aus. Es besteht allerdings das Risiko, dass die Pflanze eingeht.

Bambus

Während niedrige, bodendeckende Bambusarten nach einem Rückschnitt willig neue Halme und frisches Laub treiben, lassen sich höhere Arten nicht so gern dazu herab. Wenn Sie beispielsweise einen *Phyllostachys*-Halm auf halber Höhe kappen, reagiert er mit einem unschönen Büschel nutzloser Austriebe am oberen Ende. Pflanzen Sie daher lieber einen Bambus, dessen Endhöhe Ihren Wünschen entspricht, oder verkleinern Sie den Horst durch Abstechen – besser noch: Setzen Sie vorab eine Rhizomsperre ein. Eine Alternative ist das Auslichten, wobei Sie gezielt einzelne Halme bodennah herausschneiden.

Koniferen

Zwar kann man die Zweigenden der meisten Gartenkoniferen leicht beschneiden – der optische Eindruck danach lässt meist zu wünschen übrig, es sei denn, es handelte sich vorher um eine bereits geschnittene Heckenpflanze. Einen radikalen Rückschnitt lässt sich kaum eines dieser Gehölze gefallen. Die meisten sterben ab, wenn man ins alte Holz zurückschneidet. Ist eine Konifere zu groß geraten, sollten Sie ihren Ersatz durch ein Nadelgehölz erwägen, das sich schneiden und formen lässt, beispielsweise eine Eibe (*Taxus*) oder einen Lebensbaum (*Thuja*). Mehr Informationen finden Sie auf Seite 84.

Waldrebe

Diese schönen Kletterpflanzen werden drei Schnittgruppen zugeteilt. Die der Schnittgruppe 1 angehörenden frühblühenden Waldreben (*Clematis*), etwa die Berg-Waldrebe (*C. montana*), können ebenso wie die der Gruppe 2 angehörenden sommerblühenden Arten und Sorten im Frühjahr durch einen radikalen Rückschnitt auf die Haupttriebe verjüngt werden; allerdings entfällt dann in diesem Jahr die Blüte. Bei spätblühenden Arten und Sorten der Schnittgruppe 3 sollten keine Verjüngungsprobleme auftauchen, denn sie nimmt man regelmäßig im späten Winter auf 20 cm zurück. (Für den Pflegeschnitt der Gruppen 1 und 2 gelten andere Regeln!) Zu welcher Gruppe Ihre *Clematis*-Art gehört, können Sie in Gehölzbüchern oder im Internet bei *Clematis*-Gärtnereien nachlesen.

Neuseelandflachs (Phormium)

Neuseelandflachs ist eine äußerst beliebte Kübelpflanze. Im Laufe der Jahre habe ich einige sehr danebengegangene Versuche gesehen, solch einem Gewächs Grenzen zu setzen. Ich kann nur eines raten: Lassen Sie es sein! Die abgesäbelten Blattschwerter bleiben genau so, wie Sie sie zurichten, und die ganze Pflanze ist verdorben. Ist ein Neuseelandflachs zu groß, ist Ersatz eine sinnvolle Option. Es gibt Kultursorten von 50 cm, das Problem dürfte sich also beheben lassen. Trockene Blätter bodennah zu entfernen ist das Einzige, was bei dieser Pflanze nötig – und machbar! – ist.

Lavendel (Lavandula)

Gelegentlich lässt sich ein überalterter Lavendel durch einen kräftigen Rückschnitt verjüngen; meist jedoch geht der Halbstrauch nach einem kräftigen Rückschnitt ins alte Holz ein. Ersetzen Sie das Lavendel-„Gestrüpp“ in diesem Falle lieber durch neue Pflanzen. Häufig wird Lavendel als kurzlebig bezeichnet, doch mit einem regelmäßigen leichten Pflegeschnitt nach der Blüte lässt er sich zehn Jahre und länger in Form halten. Entfernen Sie Verblühtes mitsamt den Blütenstängeln; trimmen Sie dabei das Grün um maximal 5–7 cm.

Immergrüne und laubabwerfende Hecken

Grüne Trennwände sind im Garten unverzichtbarer Wind- und Sichtschutz sowie Raumteiler. Mit der Zeit kann eine Hecke dennoch nachlassen, sie entwickelt Kahlstellen, wird zu breit oder zu hoch und bekommt kahle Füße. Manche Hecken werden im Laufe der Jahre nach oben hin immer breiter, sodass sie bei starkem Schneefall oder Regen auseinanderfallen. Dies zu korrigieren erfordert mehr Geduld als ein radikaler Verjüngungsschnitt beim freistehenden Strauch. Mehrere Etappen über drei bis vier Jahre sind nötig. Doch ist es endlich geschafft, können Sie die erneuerte „grüne Wand" langfristig auf die gewünschte Höhe und Stärke beschränken.

Eine schäbige, löchrige Hecke lässt sich durch gezielten Schnitt gut verjüngen.

Heckensträucher, die auf starken Rückschnitt gut reagieren:

Hainbuche (*Carpinus*), Weiß- und Rotdorn (*Crataegus*), Ölweide (*Elaeagnus*), Rot-Buche (*Fagus*), Stechpalme (*Ilex*), Liguster (*Ligustrum*), Glanzmispel (*Photinia*), Kirschlorbeer (*Prunus laurocerasus*), Eibe (*Taxus*)

... und solche, die das nicht tun:

Lawsons Scheinzypresse (*Chamaecyparis lawsoniana*), Leylandzypresse (× *Cuprocyparis leylandii*), Lebensbaum (*Thuja*)

Der Lebensbaum erholt sich von einem radikalen Rückschnitt ins alte Holz kaum.

HECKENVERJÜNGUNG

1. (1. Jahr) Beginnen Sie im ausgehenden Winter oder Frühjahr mit der Sonnenseite der Hecke, damit sich Ihr Eingriff so rasch wie möglich verwächst. Identifizieren Sie den Hauptstamm, und schneiden Sie die gesamte Heckenseite bis 10–15 cm vor den Stamm zurück. Trimmen Sie die schattige Heckenseite ganz normal – hier bleibt das meiste Grün erhalten. Düngen Sie wie bei den Rosen (Seite 70).

2. (2. Jahr) Bis zum neuen Jahr hat die Hecke auf der stark zurückgeschnittenen Seite bereits junges Grün getrieben. Lassen Sie dieses weiterwachsen und sich verzweigen. Bei sehr starkem Neutrieb können Sie bereits jetzt die Schattenseite der Hecke auf 10–15 cm Stärke reduzieren. Lässt der Neutrieb noch zu wünschen übrig, geben Sie der anderen Seite noch ein Jahr.

3. (3. Jahr) Spätestens jetzt wird die zweite Heckenseite bis knapp an die Hauptstämme zurückgenommen. Haben Sie die Hecke bisher noch nicht in der Höhe gekürzt, so ist dies ein guter Zeitpunkt. Kürzen Sie sie um 20 cm mehr ein, als Sie sie später haben wollen. So kann sie oben viel frisches Grün treiben und entwickelt sich schön dicht.

4. (Folgejahre) Schneiden Sie die Hecke alljährlich, damit sie nicht wieder unansehnlich wird. Halten Sie sie grundsätzlich unten breiter als oben. Das sieht nicht nur besser aus, sondern macht sie stabiler und gestattet maximalen Lichteinfall auch im unteren Bereich, sodass die Füße nicht wieder verkahlen.

BITTE NICHT ANRÜHREN!

Es gibt mehrere Gartengehölze, die einen Rückschnitt gar nicht mögen. Manche treiben aus altem Holz nicht gut aus, sodass sie nach einem Radikalschnitt eingehen; andere reagieren auf starken Rückschnitt mit schwachen, raschwüchsigen, senkrecht emporstrebenden Wasserschossen. Diese Gehölze überlassen Sie am besten sich selbst und entfernen lediglich tote, kranke und schadhafte Triebe.

Arten, die auf Rückschnitt nur selten gut reagieren, sind unter anderem: Araukarie, Scheinzypresse (*Chamaecyparis*), Scheinhasel (*Corylopsis*), Seidelbast (*Daphne*), Strauch-Pfingstrose (*Paeonia*), Fichte (*Picea*), Rhododendron, Japanischer Schneeball (*Viburnum plicatum* 'Mariesii').

Magnolien lassen sich nur ungern regelmäßig schneiden.

Die Basis schaffen

Jede Gartenrenovierung ist ein Balanceakt zwischen Behalten, Verbessern und Ausmustern. Unerwünschte Wildkräuter sollten so bald wie möglich identifiziert und entfernt werden; danach ist es an der Zeit, etwas für den Rasen und das Erdreich zu tun. Dies sind die drei großen Aufgaben, denen Sie sich nach der ersten Standortbestimmung und dem Gehölzschnitt stellen müssen.

Wildkräuter entfernen

EINJÄHRIGE SAMENUNKRÄUTER:
Garten-Wolfsmilch, Schaumkraut, Vogelmiere und Greiskraut

Hacken bzw. Schuffeln ist die einfachste Methode, die sogenannten Samenunkräuter loszuwerden. Greifen Sie an einem warmen, sonnigen Tag zur Schuffel und trennen Sie das Kraut von seiner Wurzel; lassen Sie es einfach liegen und vergehen. Hat es bereits Samen angesetzt, wäre diese Methode allerdings kontraproduktiv, denn dann würden Sie nur die Samen verteilen. Ziehen Sie es in diesem Fall per Hand heraus und entsorgen Sie es über die Biotonne. (Im Kompostwerk wird eine sehr heiße Rotte erreicht, sodass die Samen zerstört werden; auf dem heimischen Kompost gelingt dies nicht zuverlässig.) Alternativ werfen Sie die Kräuter in einen Eimer Wasser, in dem sie über mehrere Monate verrotten. Die Jauche, die Sie erhalten, ist ein hervorragender leichter Dünger.

Hacken Sie die Beete alle paar Wochen durch, denn sehr raschwüchsige Kräuter wie das Garten-Schaumkraut blühen und versamen sich schon sechs Wochen nach der Keimung. Bei regelmäßigem Vorgehen wird die Samenbank im Boden allmählich reduziert, und die Zahl der auflaufenden Wildkräuter nimmt ab. „Ein Jahr Samen, sieben Jahre Unkraut" – diese Bauernweisheit ist zwar alt und stammt aus England, aber das macht sie nicht weniger wahr. Bleiben Sie also dran, irgendwann werden Sie merken, dass es nützt!

1. Das hartnäckige Garten-Schaumkraut wächst und blüht vor allen anderen.
2. Zur Familie der Kreuzblütler zählen viele vermehrungsfreudige Gartenunkräuter.
3. Das Ruprechtskraut, eine Storchschnabel-Art, ist weit verbreitet, aber auch leicht gezogen.
4. Kriechender Hahnenfuß zählt zu den hartnäckigsten Wildkräutern.

WURZELUNKRÄUTER: *Giersch, Quecke und Hahnenfuß*

Diese hartnäckigen Pflanzen geben nicht so rasch klein bei. Ich habe sie weltweit in Gärten angetroffen, überall kennt man sie als Plage. Glaubt man nach viel Mühe, sie endlich eingedämmt zu haben, lassen sie sich im nächsten Jahr plötzlich umso zahlreicher blicken. Doch lassen Sie sich nicht entmutigen: Genau wie ich werden auch Sie irgendwann die Oberhand gewinnen – und behalten.

Schwächen Sie diese Kräuter, indem Sie jedes Fitzelchen Wurzel, das Sie finden, aus dem Boden holen. Denn den meisten dieser Pflanzen genügt ein 1 cm langes Wurzelstückchen, um sich zu regenerieren – entsprechend gründlich müssen Sie sein. Arbeiten Sie wenn möglich die Beete systematisch mit der Grabegabel durch. Wiederholen Sie den Vorgang, sobald die Pflanzen wieder sprießen, und sammeln Sie erneut die Wurzelteile aus dem Boden. Wenn gerade keine Zeit zum Herausreißen ist, kneifen Sie wenigstens sämtliches Grün ab – auch das schwächt vorübergehend die Pflanze. Sicherheitshalber – um den grünen Wilden nicht auch noch bei der Verbreitung im Garten zu helfen – sollten Sie die Wurzeln übrigens nicht auf den Kompost geben, sondern im Biomüll entsorgen.

Wenn Sie einen reinen „Giersch-Dschungel“ haben sollten, sprich sich keine Stauden oder Gehölze das Beet mit dem grünen Wucherer teilen, können Sie auch zu einer rabiateren Maßnahme greifen und die Zeit für sich arbeiten lassen. Bedecken Sie die Fläche mit einer dicken Lage Pappe, darauf kommt Rindenmulch zur Beschwerung und Verschönerung. Die Gierschtriebe haben nun keine Chance, an die Oberfläche zu kommen. Schließlich gehen die Pflanzen aufgrund des Lichtentzugs ein. Voraussetzung ist allerdings, Sie lassen die Papp-Rindenmulch-Abdeckung etwa zwei Jahre liegen. Und danach heißt es wieder: Aufpassen und bei jedem kleinsten Blättchen, das sich zeigt, die Grabegabel holen. Wehret den Anfängen!

MEHRJÄHRIGE UNKRÄUTER: *Löwenzahn, Distel und Ampfer*

Dank ihrer tief verankerten Pfahlwurzeln können uns diese mehrjährigen Kräuter jahrelang „Freude“ bereiten; dabei konkurrieren sie mit den Zierpflanzen um Licht, Wasser und Nährstoffe. Will man sie loswerden, muss man die Pfahlwurzel bis auf den letzten Millimeter entfernen. Umstechen Sie die Pflanze dazu mit dem Spaten, heben Sie den Erdklumpen mitsamt der Wurzel heraus und befreien Sie diese von der anhaftenden Erde – so sind Sie die Pflanze samt Wurzel los. Es gibt im Gartenhandel auch spezielle Gartengeräte, sogenannte Löwenzahnstecher, die erfahrungsgemäß gut funktionieren.

RANKENDE UNKRÄUTER: *Ackerwinde und Zaunrübe*

Rankende Unkräuter, vor allem Winden, sind praktisch unmöglich loszuwerden, während sie andere Pflanzen um- und überranken. Entfernen Sie zunächst alles an Laub und Trieben, das Sie zu fassen bekommen, und stecken Sie dort, wo die Pflanze aus der Erde sprießt, ein langes Bambusrohr in den Boden. Innerhalb von ein paar Wochen treibt die Pflanze erneut, nur dass sie dieses Mal am Bambus emporrankt. Nun ist das Kraut von den anderen Pflanzen isoliert. Versuchen Sie es möglichst komplett auszugraben.

Lässt man Baumsämlinge wie Eschen oder Berg-Ahorn ein Jahr oder länger Fuß fassen, sind sie oft schon fest verwurzelt.

GEHÖLZSÄMLINGE: *Esche, Ahorn, Brombeere, Holunder und Efeu*

Von allen Pflanzen, die sich ohne Einladung in unseren Gärten breitmachen, sind die Gehölzsämlinge am wenigsten willkommen. Das zunächst empfindliche Pflänzchen entwickelt im Nu starke Wurzeln und einen noch stärkeren Überlebenswillen. Wenn Sie es gleich im ersten Jahr entdecken, lässt es sich meist mit ein wenig Kraft mit der behandschuhten Hand ziehen. Im zweiten Jahr ist dann oft schon ein Spaten nötig, im dritten ein Spaten, eine Axt und viel Schweiß. Entfernen Sie unerwünschte Sämlinge der genannten Gehölze, sobald Sie sie entdecken, damit sie sich gar nicht erst festsetzen. Hinzu kommt bei Brombeeren, dass sie rasch ein Gewirr an stachelbewehrten Trieben bilden, die in alle möglichen Gewächse in der Nähe hineinranken. Das Entfernen gelingt nur mit Handschuhen und langen Ärmeln.

IMMER AUF DER HUT

Egal, wie gründlich Sie sich beim ersten Arbeitsdurchgang Ihren Wildkräutern widmen – Sie sind sie noch längst nicht los. Das liegt zum einen an der Samenbank – den Samenvorräten im Boden, die bei jeder Bodenbearbeitung erneut ans Licht kommen und keimen –, zum anderen an wieder austreibenden Wurzelstückchen und schließlich an Samen, die durch Tiere oder den Wind neu in Ihren Garten gebracht werden.

Pflasterflächen und Kies lassen sich relativ einfach unkrautfrei halten, indem Sie keimende Kräuter mit einer Draht- oder Fugenbürste fortbürsten oder mit einem Flämmer vernichten – bei Letzterem bedenken Sie, dass Sie auch in den Fugen lebende oder über den Weg huschende Tiere mit abtöten. Unkrautfreie Beete hingegen sind deutlich schwieriger zu erzielen. Idealerweise stehen Ihre Gartenschönheiten bald so dicht gedrängt, dass sie allen anderen Kräutern Licht und Luft nehmen; Tatsache ist jedoch, dass es immer irgendwo eine offene Stelle gibt, wo Samen aufspringen können. Das einfachste Gegenmittel ist Mulch. Loses Material wie eigener oder städtischer Kompost, eine dünne Lage Rasenschnitt oder Rindenmulch eignen sich hervorragend für Staudenpflanzungen. Der richtige Mulch hält den Boden feucht und düngt außerdem leicht. Bei reinen Gehölzpflanzungen können Sie noch einen Schritt weiter gehen, indem Sie ein wasserdurchlässiges Unkrautvlies (Geotextil) auslegen und dieses dick mit Mulch nach dem Prinzip „Doppelt hält besser" abdecken.

In allen Fällen heißt es aufpassen und rechtzeitig eingreifen. Ein Ampfersämling ist mit der Schuffel in Sekunden entfernt, während das Ausgraben eines gut verwurzelten Exemplars zehn Minuten beanspruchen kann – frühzeitig in Aktion zu treten ist also entscheidend.

Den Boden beleben

Der Boden ist unsere Lebensgrundlage und womöglich der ausschlaggebende Faktor, wenn es um die Wiederbelebung und Gesundung eines Gartens geht. Ohne lebendigen Boden voller Kleinstlebewesen, ohne organisches Material und Nährstoffe ist jede Anstrengung umsonst. In einem vernachlässigten Garten können etliche Probleme unter der Oberfläche verborgen liegen. Ab Seite 29 ist erklärt, wie Sie Einblick in Ihren Boden und seinen Zustand bekommen. Hier möchte ich einige allgemeingültige Methoden vorstellen, mit denen sich diverse Probleme – von Bodenverdichtung und Staunässe bis hin zu schlechter Durchlüftung und Nährstoffauswaschung – angehen lassen. Außerdem gehe ich auf die unterschiedlichen Typen organischen Materials, auf Bodenverbesserer und Mulch ein, die je nach Problematik zum Einsatz kommen.

BODENPROBLEME KURIEREN

Einen schlechten Boden radikal zu verbessern, ist nicht so schwer, wie Sie vielleicht glauben: Sie müssen nur das Richtige ergänzen und dann der Natur ihren Lauf lassen.

Verdichteter Boden

Lockern Sie den Boden wenigstens 35 cm tief, gegebenenfalls auch tiefer, wenn Ihre Profilgrabung (Seite 30) ergeben hat, dass der Untergrund verdichtet ist. Arbeiten Sie beim Holländern (siehe gegenüberliegende Seite) organisches Material in Form von gut verrottetem Stallmist oder Grobkompost ein. Kalk macht Tonboden weniger bindig und mindert die Gefahr einer neuerlichen Bodenverdichtung.

Staubiger, leichter Boden

Holländern Sie offene Flächen, wobei Sie organisches Material unterarbeiten; bringen Sie einmal im Jahr zum Beispiel eine dicke Lage halb verrotteten Stallmist aus. Bepflanzte Bereiche werden lediglich einmal im Jahr dick gemulcht. Durch Einarbeiten von wasserspeicherndem Granulat kann die Wasserspeicherfähigkeit trockener Böden ebenfalls erhöht werden.

Staunasser Boden

Prüfen Sie, ob die Textur des Bodens oder aber die Bodenschichtung das Problem ist. Bei einer Profilgrabung (Seite 30) erkennen Sie, wie der Unterboden beschaffen ist und ob Verdichtungen vorliegen. Umgraben (einfach oder doppelt spatentief, je nach Bedarf) bricht diese Schichten auf und ermöglicht den Wasserabzug. Ist Tonboden die Ursache der Staunässe, helfen organisches Material und Kalk.

Stark durchlässiger Boden

Graben Sie den Boden einfach oder doppelt spatentief um; arbeiten Sie dabei Mist oder Kompost unter. Dies fördert die Wasser- und Nährstoffspeicherkapazität des Bodens sowie die Wurzelbildung der Pflanzen und damit die Bodenstabilität. Eine leichte Düngung gleicht fehlende Nährstoffe aus.

Ausgewaschener Boden

Arbeiten Sie organisches Material oberflächlich ein, streuen Sie Naturdünger wie Horn- und Knochenmehl oder Hühnermist sowie Mykorrhiza-Dünger als Bodenaktivator aus, und mulchen Sie mit organischem Material. So führen Sie fehlende Nährstoffe zu und sorgen dafür, dass diese besser im Boden verbleiben.

Schlecht durchlüfteter Boden

Arbeiten Sie reichlich organisches Material ein – falls der Oberboden stark genug ist, durch Holländern bis auf 40 cm Tiefe. Mulchen Sie gründlich; die Bodenorganismen befördern den organischen Mulch in den Boden und verbessern dadurch seine Struktur.

Verkrusteter Schluff

Brechen Sie die Krume mit der Grabegabel auf und arbeiten Sie durch einfaches Umgraben organisches Material in die obersten 30 cm ein; mulchen Sie gründlich, damit die Oberfläche auch bei prasselndem Regen nicht erneut verkrustet.

HOLLÄNDERN

Mit dieser uralten Technik werden seit zahllosen Generationen Gärten, Beete und Rabatten wiederbelebt. Das doppelt spatentiefe Umgraben eignet sich für alle unbepflanzten Flächen, die neue Kraft benötigen.

1. Heben Sie an einem Ende des Beets einen Graben von etwa 30 cm Breite und Tiefe aus.

2. Lagern Sie den Aushub des ersten Grabens am entgegengesetzten Ende des Landstücks.

3. Füllen Sie 15 cm Mist in den Graben und arbeiten Sie ihn unter.

4. Heben Sie den nächsten Graben aus und füllen Sie den Aushub in den ersten Graben.

5. Arbeiten Sie Mist in den Boden des zweiten Grabens. Setzen Sie dies immer so fort.

6. Füllen Sie zum Schluss den letzten Graben mit dem Aushub des ersten auf. Fertig!

Gartenkompost und Stallmist erwecken ausgelaugte Böden im Nu zu neuem Leben.

ORGANISCHE BODENVERBESSERER

Stallmist

Stallmist bekommen Sie beim Bauern. Vergewissern Sie sich, dass er nicht dampfend frisch, sondern abgelagert ist. Bestellen können Sie ihn meist wagenladungsweise; wenn Sie ihn selber abholen, können Sie auch kleinere Mengen vereinbaren. Wie immer gilt aber auch hier: Je größer die Abnahmemenge, desto niedriger der Preis. Stallmist lockert den Boden, führt diesem Nährstoffe und halbverrottetes organisches Material zu und verbessert seine Wasserspeicherkapazität und Durchlässigkeit. Verwenden Sie gut abgelagerten Mist beim Holländern, bei Neupflanzungen und als Mulch.

Städtischer Kompost

In vielen Gemeinden gibt es ein Kompostwerk, das Küchen- und Gartenabfälle kompostiert und den Bürgern wieder verfügbar macht. Dieser Kompost ist recht fein strukturiert; Samen von Unkräutern sind wegen der heißen Rotte im Idealfall abgetötet. Der Nährstoffgehalt kann abhängig vom Ausgangsmaterial stark variieren. Städtischen Kompost kann man meist in kleineren Mengen vom Wertstoffhof abholen oder in größeren Mengen liefern lassen. Auch von Gemeinden unabhängige Recyclinghöfe, die Gartenabfälle annehmen, stellen Kompost her. Kompost verbessert die Bodenbeschaffenheit und führt dem Boden organisches Material und Nährstoffe zu. Wie Stallmist zu verwenden.

Gartenkompost

Sollten Sie mit dem Garten einen Komposthaufen übernommen haben, so schätzen Sie sich glücklich. Falls nicht, können Sie nun einen selbst aufstellen, um fortan Ihren eigenen Bodenverbesserer, Dünger und Mulch zu produzieren. Gartenkompost enthält etliche Nährstoffe, ist jedoch in seinem Gehalt ziemlich variabel und muss gegebenenfalls ergänzt werden. Bei Neupflanzungen, als Mulch und beim Holländern zu verwenden.

Torffreie Erden

Die Bestandteile torffreien Komposts variieren je nach Kompostwerk – Rindenhumus, kompostierte Holzschnitzel und Kompost aus Grünabfällen. Entsprechend umweltfreundlich ist das Produkt, das sackweise oder lose erworben werden kann. Der Nährstoffgehalt des oft sehr lockeren Materials variiert je nach Quelle. Auch gibt es torffreie Erden in Säcken, die in ihrer Zusammensetzung teils auf bestimmte Kulturen abgestimmt sind, im Gartencenter. Bei Neupflanzungen, als Mulch und beim Holländern zu verwenden.

WEITERE BODENVERBESSERER

Kalk

Gartenkalk, also gemahlenen Kalkstein, erhalten Sie in den meisten Gärtnereien und Gartencentern und beim Landhandel. Kalk erhöht den pH-Wert des Bodens und setzt bei Tonböden eine Krümelbildung in Gang. Bei dieser uralten Technik wird Kalk dem Tonboden zugeführt, um dessen feine Partikel zu binden. Das verbessert die Textur und den Wasserablauf.

Horn- und Knochenmehl

Horn- und Knochenmehl wird aus Schlachtabfällen gewonnen. Hornmehl bzw. Hornspäne sind auch einzeln erhältlich; Knochenmehl ist meist als Mischung mit Hornmehl zu bekommen. Die beiden Bestandteile versorgen den Boden mit Stickstoff, Phosphat und Kalium. Der ideale organische Frühjahrs- und Herbstdünger fördert die Wurzelbildung; er wird oberflächlich ausgestreut oder eingearbeitet. Es ist ein langsam wirkender Dünger. Sie bekommen ihn abgepackt im Gartencenter oder Landhandel; bewahren Sie ihn kühl und trocken auf. Tragen Sie beim Ausstreuen Handschuhe, und beachten Sie die Mengenempfehlungen des Herstellers.

Mykorrhiza-Dünger

Obgleich die Pflanzenproduzenten seit Jahren darauf zurückgreifen, steht die Wirksamkeit von Mykorrhiza-Dünger neuerdings zur Diskussion. Dieses Pulver enthält Pilzarten, die mit Pflanzenwurzeln eine Symbiose eingehen und den Pflanzen vermehrt Wasser und Nährstoffe zugänglich machen. Ich selbst habe Mykorrhiza-Dünger erfolgreich gegen Rosenmüdigkeit eingesetzt und konnte dadurch eine neue Rose am Standort einer alten pflanzen.

Geflügeldung

Geflügeldung ist reich an Stickstoff und verhilft Ihren Pflanzen im Frühjahr zu einem guten Start; setzen Sie ihn vorsichtshalber eher sparsam ein. Sie bekommen die Pellets beutel- oder sackweise im Gartencenter oder Landhandel. Tragen Sie beim Ausstreuen auf den gelockerten Boden Handschuhe. Kleiner Tipp: Die anfängliche Geruchsentwicklung ist nicht zu verachten.

Beinwelljauche

Für diese hausgemachte Stärkung setzen Sie Beinwelllaub in einem Eimer Wasser an. Nach einigen Wochen Gärung hat sich der Phosphor gelöst. Verwenden Sie die Jauche als leichten Flüssigdünger, wo immer es Ihnen sinnvoll erscheint. Weisen Sie dem willig wachsenden Gemeinen Beinwell (*Symphytum offininale*) eine Gartenecke zu, damit Sie mehrmals im Jahr ernten können.

Mulch zur Bodenverbesserung

Rindenmulch

Rindenmulch ist ein Abfallprodukt der Holzindustrie und sackweise im Gartencenter oder zu einem günstigeren Preis als Schüttgut erhältlich. Die attraktive Bodendecke unterdrückt effizient das Unkraut, ohne allzu viele Nährstoffe zuzuführen. Allerdings entzieht Rindenmulch dem Boden bei der Verrottung Stickstoff, weshalb eine Stickstoffdüngung als Ausgleich sinnvoll ist, wenn Sie ihn direkt unter Pflanzen ausbringen wollen.

Rasenschnitt

Eigener Rasenschnitt ist nicht zu verachten. Als dünne Lage auf dem Kompost verteilt hält er diesen warm und feucht und sorgt für eine gute Rotte. Werden mit ihm Beete gemulcht, setzt er die Nährstoffe nur ganz allmählich frei und liegt zugleich schön dicht, sodass der Boden feucht gehalten und Unkraut unterdrückt wird. Sollte Ihr Rasen viele Samenunkräuter enthalten, ist das Schnittgut allerdings weniger gut als Mulch geeignet.

Champignon-Kompost

Champignon-Kompost ist hierzulande noch recht unbekannt; in Großbritannien bekommen Sie ihn zum Beispiel in einigen Gartencentern. Er besteht überwiegend aus kompostiertem Stroh und fällt als Abfallprodukt der Speisepilzzucht an. Der Nährstoffgehalt variiert, und der meist recht hohe Kalkgehalt kann beim Mulchen oder Unterarbeiten den pH-Wert des Bodens verändern. Als Mulch ist er ausgesprochen ästhetisch. Wenn Sie also einen Speisepilzanbauer in Ihrer Nähe haben, lohnt es sich nachzufragen.

Strohkompost

Diese kompostierten Strohhäcksel werden im Landhandel sackweise angeboten. Verwenden Sie sie als Mulch für Beete und Rabatten. Strohkompost verdichtet sich gut, hält das Erdreich feucht und wirkt unkrautunterdrückend. Der Nährstoffgehalt ist relativ gering; nach und nach verbindet er sich mit dem Boden und erhöht den Humusanteil.

Rasen erneuern

Das Erneuern eines Rasens ist eine hochbefriedigende Verschönerungsmaßnahme. Anders als bei Gehölzschnitt und Bodenverbesserung sieht man hier ruckzuck Resultate. Um einen Rasen von traurig in herrlich zu verwandeln, benötigen Sie nur wenige Wochen. Ich persönlich bin zwar kein großer Fan von Rasenflächen, aber ihren Sinn kann ich dennoch sehen: Rasen ist Geh-, Sitz- und Spielfläche und spielt eine ästhetische Rolle als Bindeglied zwischen den verschiedenen Gartenelementen. Sollten Sie beschließen, Ihren Rasen ganz abzuschaffen, finden Sie auf Seite 105 Tipps zu Alternativen. Wenn Sie ihn auffrischen möchten, lesen Sie auf der gegenüberliegenden Seite, wie sich seine Probleme diagnostizieren und kurieren lassen.

Einem Rasen kann meist ziemlich einfach und mit wenig Geld zu neuer Schönheit verholfen werden. Nötig sind lediglich ein wenig Zeit und das richtige Vorgehen, und schon ist der vormals ungeliebte Rasen kuriert und leuchtet wieder samtig grün.

Perfektes Grün

Sollten Sie anstelle einer Rasenfläche hohes Wiesengras vorfinden, ist bei aller Liebe nichts mehr zu machen. Trimmen Sie die Gräser kurz und schälen Sie die Grasnarbe, notfalls mithilfe eines geliehenen Grassodenschneiders, ab. Bereiten Sie den Boden dann für eine Neuansaat oder Rollrasen vor.

Lückiger Rasen

Das grundlegende Problem bei lückigem Rasen ist oft der Boden. Bevor Sie neu säen oder sich mit einer oberflächlichen Behandlung abmühen, hilft es zu wissen, mit welchem Boden Sie es zu tun haben. Ab Seite 29 ist erklärt, wie Sie dies feststellen und wie Sie gegebenenfalls Probleme beheben können.

Lückiger Rasen hat oft eine der folgenden drei Ursachen: zu stark oder zu wenig durchlässiger Boden oder aber ein nach oben gekehrter Unterboden, der dem Pflanzenwachstum keine gute Grundlage bietet. Unterboden ist gewöhnlich heller als Oberboden; Sie können ihn abtragen und durch Oberboden ersetzen. Wie Sie Probleme mit zu stark oder zu wenig durchlässigem Boden angehen, ist auf Seite 96 beschrieben. Sind die Bodenverhältnisse in Ordnung gebracht, können Sie neuen Rasen säen oder die Lücken mit Soden flicken (Seite 105).

Schattenstellen

Die meisten Rasengräser sind an vollsonnige Standorte angepasst. Breitet sich über ein Rasenstück zunehmend mehr Schatten, sterben etliche der Grasarten, aus denen die Rasenmischung besteht, ab. Dieses Problem können Sie auf zweierlei Weise angehen: Entweder verwandeln Sie die Schattenstelle in ein Beet, das Sie mit Schattenstauden gestalten, oder Sie säen das Areal mit einer speziellen Schattenrasenmischung neu ein. Im Gartenmarkt, im Landhandel und online erhalten Sie spezielle Rasensaatmischungen für Schattenlagen; außerdem gibt es auch Rollrasen speziell für Schatten. Auf Seite 105 sind die Rasenneuansaat und das Verlegen von Fertigrasen erklärt.

Rasenunkräuter

Viele vernachlässigte Rasenflächen sind mehr oder weniger stark von Unkraut durchsetzt. Etliche Rasenunkräuter wachsen so niedrig, dass der Rasenmäher sie nicht tangiert. Dieser niedrige Wuchs ist charakteristisch für Löwenzahn, Wegerich, Braunelle, Hahnenfuß, Gänseblümchen und Klee. Löwenzahn und andere Arten mit Pfahlwurzel lassen sich unter Zuhilfenahme eines Messers samt Wurzel entfernen; andere stellen eine größere Herausforderung dar. Leider gibt es da nur zwei Möglichkeiten, sofern Sie nicht gewillt sind, Unkrautvernichter einzusetzen: weiterhin Unkraut mit der Hand ausstechen oder es tolerieren. Stellen, die zwar vom Unkraut befreit, aber nun kahl sind, reparieren Sie durch Neuansaat oder mit Fertigrasen (Seite 105).

Rasenkrankheiten

Es gibt etliche Krankheiten, die Gräser befallen können, doch die meisten treten zum Glück nur bei zu intensivem Management auf, beispielsweise bei Golfrasen. Dabei handelt es sich oft um Pilzinfektionen. Trifft Sie dieser seltene Fall, sind im Fachhandel Fungizide erhältlich. Die folgenden Symptome weisen auf eine Pilzinfektion hin: weißer pudriger Belag, rostrote Pusteln oder rote Fäden am Rasenblatt, abgestorbene vergilbte Stellen, watteartiger weißer Belag im Rasen. Ist das Problem in Ordnung gebracht, können Sie bei Bedarf nachsäen (Seite 105).

Schädlinge

Tiere können einen Rasen deutlich schädigen, lässt man sie zu lange gewähren. Am schlimmsten sind Käferlarven, die Larven von Wiesenschnaken sowie Maulwürfe. Hinweise auf die ersten beiden geben Vögel, die an bestimmten Rasenstellen die rasenwurzelfressenden Larven aus dem Boden picken. Bei genauerem Hinsehen finden sich dort Löcher im Boden und loses, abgestorbenes Gras. In beiden Fällen helfen Nematoden, die die Larven abtöten. Alternativ können Sie alten Teppichboden oder schwarze Plastikfolie über den Rasen breiten, was die Larven nachts aus dem Boden lockt, sodass man sie zusammenharken und vernichten kann.

Gegen Maulwürfe etwas ausrichten zu wollen, ist deutlich schwieriger, zumal er gesetzlich geschützt ist und ihm kein Haar gekrümmt werden darf. Sie können es auch von der anderen Seite her sehen: Wohnt ein Maulwurf bei Ihnen, zeigt das einen gesunden Boden und ein intaktes Bodenleben an. Außerdem vertilgt er Schnecken! Allerdings stören die Maulwurfshaufen. Also doch vergrämen? Ein befreundeter Gärtner schwört auf die Musikchips aus Geburtstagskarten, die er in Plastiktüten und

Rasenfilz

Im Laufe der Zeit sammelt sich im Rasen eine verfilzte Schicht aus Rasenschnitt, Laub und anderem organischem Material. Soll der Rasen gesund bleiben, muss dieser Filz alljährlich entfernt werden. Am einfachsten ist regelmäßiges Harken; alternativ können Sie einen Vertikutierer einsetzen, den Sie auch mieten können. Dieses an einen Rasenmäher erinnernde Gerät befreit den Rasen vom Filz (den Sie anschließend kompostieren können). Vertikutieren ist doppelt sinnvoll: Dabei wird auch Moos aus dem Rasen entfernt. Größere Kahlstellen sollten danach eingesät werden (Seite 105).

dann in die Maulwurfgänge steckt. Ich würde wohl auch umziehen, wenn ich tausend Mal hintereinander „Happy Birthday" hören müsste.

Sind die Schäden durch die tierischen Mitbewohner beträchtlich, reparieren Sie die Lücken mit Rasensaat (Seite 105).

Moos

So weich und angenehm Moos unter den Füßen ist – Rasen wird dadurch geschwächt und auf Dauer erstickt. Sie können es per Hand ausharken oder mit dem Vertikutierer herauslösen (mehr dazu im Kasten links). Moos ist häufig ein Zeichen für Staunässe – möglicherweise muss also der Wasserabzug des Untergrunds verbessert werden. Bessern Sie verkahlte Stellen durch Nachsaat aus (Seite 105).

RASEN AUSBESSERN ODER NEU ANLEGEN

Nachsäen

Kahlstellen im Rasen können Sie in der frostfreien Zeit durch Nachsäen ausbessern. Wenn der vorhandene Rasen noch relativ dicht ist, streuen Sie einfach Rasensaat dazwischen und halten die Fläche gleichmäßig feucht. Wo der vorhandene Rasen nur noch sehr spärlich wächst, entfernen Sie zunächst Unkraut, Rasenfilz und abgestorbene Gräser. Brechen Sie dann die Krume mit der Grabegabel 10 cm tief fein auf, und drücken Sie sie mit dem Fuß wieder leicht an. Ist die Kahlstelle nur sehr klein oder der Flecken noch halbwegs mit Rasen bewachsen, harken Sie den Boden oberflächlich auf. Streuen Sie Rasensaat über die Kahlstelle und bis in den angrenzenden Rasen hinein. Harken Sie die Saat leicht ein, und streuen Sie sie mit gesiebter Erde maximal 5 mm dick ab. Halten Sie die Fläche gleichmäßig feucht, und die Saat keimt innerhalb weniger Wochen.

Rasenneuanlagen und größere Reparaturen

Eine Rasenneuanlage unterscheidet sich im Prinzip nicht vom Nachsäen, doch lohnt es hier, die Fläche zuvor insgesamt zu glätten. Lockern Sie zunächst die oberste Schicht vorsichtig mit der Grabegabel. Verdichten Sie die Fläche danach mit einer Walze, diese können Sie im Baumarkt ausleihen, oder durch Festtreten (Tipp: mit unter die Schuhe geschnallten Brettern). Harken Sie zum Schluss die Oberfläche wieder leicht auf. Säen Sie per Hand; halten Sie sich dabei an die vom Saatgutproduzenten empfohlene Dichte. Am einfachsten lässt sich dies einschätzen, indem Sie die für 1 m² empfohlene Menge abwiegen und auf 1 m² Pflasterfläche ausstreuen. Nun wissen Sie, wie dicht die Rasensaat liegen sollte. Nach dem Säen harken Sie die gesamte Fläche leicht über; halten Sie sie feucht, bis nach ein paar Wochen die feinen Gräser erscheinen. Nach sechs bis sieben Wochen (ab einer Wuchshöhe von 8–10 cm) dürfen Sie zum ersten Mal vorsichtig mähen; bis dahin sollten Sie den Rasen möglichst nicht betreten.

Rasensoden verlegen

Bevor Sie Rasensoden verlegen, müssen Sie den Boden vorbereiten. Schälen Sie den noch vorhandenen Rasen mit einem gemieteten Rasensodenschneider ab und gehen Sie eventuelle Bodenproblematiken an (Seite 31). Wenn Sie die Soden in einem Gartenwinkel kopfüber aufschichten, verwandeln sie sich nach und nach in guten Humus. Arbeiten Sie die zukünftige Rasenfläche sodann mit der Grabegabel 15 cm tief durch; sammeln Sie Wurzeln, Unkräuter und Verunreinigungen heraus. Walzen Sie die Fläche oder treten Sie sie fest. Dann harken Sie sie zu einer feinen Krume und ziehen sie glatt.

Fertigrasen bekommen Sie quadratmeterweise im Baumarkt, Gartencenter oder direkt beim Produzenten. Für stark strapazierte Flächen empfiehlt sich ein höherer Anteil an Weidelgräsern. Ist Ihr Ziel ein reiner Zierrasen, wählen Sie einen höheren Anteil an Straußgräsern. Rasensoden werden palettenweise geliefert, Rollrasen als Rolle. Lagern Sie den Fertigrasen feucht und schattig; spätestens nach 48 Stunden sollten Sie ihn verlegt haben, denn bei längerer Lagerung nimmt er Schaden.

Verlegen Sie die Soden in Querreihen, an der Hausrückseite beginnend. Nachdem die erste Reihe liegt, verlegen Sie die weiteren Sodenreihen, indem Sie sich auf Planken auf dem bereits verlegten Rasen bewegen. Legen Sie Soden im Läuferverband, also mit versetzten Fugen (wie Pflasterziegel), und achten Sie auf ringsum lückenlosen Anschluss. Überstand, beispielsweise an Beetkanten, säbeln Sie mit einem alten Küchenmesser ab.

Sind erst die Vorarbeiten erledigt, ist der Fortschritt rasant. Halten Sie den Fertigrasen gut feucht, und schon nach weniger als einem Monat können Sie das Ergebnis Ihrer Arbeit genießen.

Rasenalternativen

Eine manikürte Rasenfläche ist nicht jedermanns Sache, und in einem kleinen Garten kann der Aufwand den Nutzen deutlich übersteigen. Es gibt ein paar Alternativen, die den Rasenmäher überflüssig machen. Römische Kamille und Thymian bilden ebenfalls einen dichten, in Maßen trittfesten Rasen. Pflanzen Sie diese als rasch etablierende Kleinballenstauden. Bei der Römischen Kamille (*Chamaemelum nobile*) empfiehlt sich die nichtblühende Auslese 'Treneague'; beim Thymian bevorzuge ich den bodendeckenden, rot blühenden Sand-Thymian *Thymus serpyllum* 'Coccineus'. Eine neue Rasenalternative ist Mikroklee. Diese Miniaturausgabe des Weißklees (*Trifolium repens*) ist ebenso trittfest wie Rasengras, kommt fast ohne Mähen aus und ist sehr trockentolerant. Der Klee ist als Saatgut und ebenso als Rollrasen erhältlich; Ansaat beziehungsweise Verlegung erfolgen wie bei Rasengräsern.

Den Garten planen

Eine Gartenrenovierung ist die perfekte Gelegenheit, die bisherige Gestaltung auf den Prüfstand zu stellen. Die Umgestaltung einer existierenden Anlage ist jedoch etwas ganz anderes als ein völliger Neubeginn. In Ihrer anfänglichen Analyse und mit den schon in Gang gesetzten Verjüngungsmaßnahmen haben Sie bereits festgelegt, was Sie behalten wollen. Genau diese beizubehaltenden Elemente – Pflanzen und Einbauten – können eine Umgestaltung schwierig machen. Es gilt nun, sie in das neue Design einzubinden. Bevor Sie jedoch darüber nachdenken, wie der Garten später einmal aussehen soll, sollten Sie innehalten und überlegen, auf welche Weise Sie ihn nutzen wollen.

Welchen Bereich wie nutzen?

Von Designern stammt ein geflügeltes Wort: „Die Form folgt der Funktion“, gern als „FFF“ abgekürzt. Anders ausgedrückt: Sie sollten immer die Funktion bedenken, die Sie einem Gartenraum zuweisen wollen – wie soll er genutzt werden? Dazu ist es hilfreich, den Garten maßstabsgetreu aufzuzeichnen. Schreiten Sie die Entfernungen ab oder messen Sie sie aus. Bei einer Zeichnung im Verhältnis 1:50 entsprechen 2 cm auf dem Papier 1 m im Garten; bei einer Zeichnung im Verhältnis 1:25 entsprechen 4 cm auf dem Papier 1 m im Garten. Richten Sie sich beim Maßstab nach der Größe Ihres Gartens und Ihres Papierbogens; auf übergroße Genauigkeit kommt es aber nicht an.

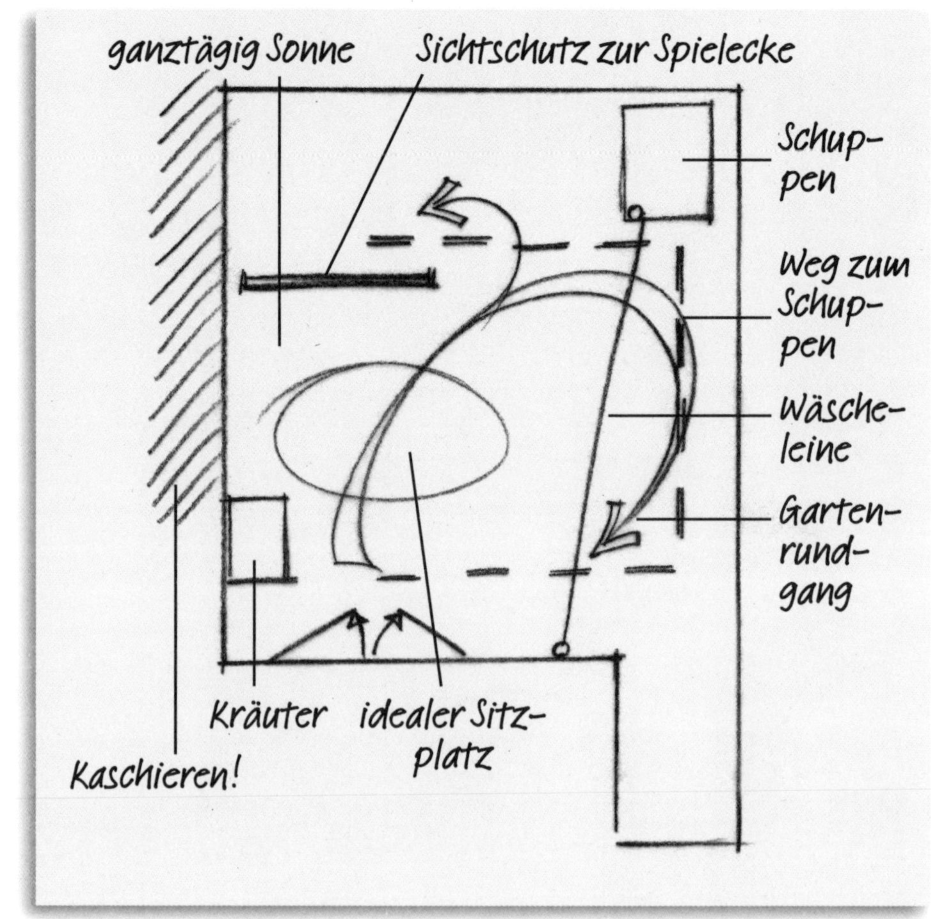

Im nächsten Schritt legen Sie die verschiedenen Bereiche samt Funktion und Wegeanbindung fest. Behalten Sie dabei die vergnügliche Seite ebenso im Blick wie die praktische, und stellen Sie sich die folgenden Fragen:

Welcher Gartenplatz ist schön sonnig – oder auch angenehm schattig – und eignet sich für eine Sitzecke?

Wie gelange ich am besten vom Haus zum Freisitz, zum Schuppen, zum Gewächshaus?

Will ich einen Rasen für meine Kinder oder zum Sonnenbaden?

Wo entlang verläuft ein schöner Rundgang?

Wohin soll die Wäscheleine, und wie komme ich trockenen Fußes dorthin?

In welche Bereiche habe ich im Sommer bzw. im Winter am meisten Einblick?

Reicht der Stauraum?

Wohin soll der Kompost, und wie gelange ich dorthin?

Welchen Ausblick will ich bewahren oder sogar verbessern?

Welchen Anblick will ich lieber kaschieren?

Will ich Gemüse ziehen, und wenn ja, wo?

Will ich Kräuter ziehen, und geht dies in Küchennähe?

Will ich eine klare Trennung in unterschiedlich genutzte Bereiche wie Spielbereich, Gemüsegarten, Wildwiese, klassische Rabatte, Sitzplätze?

Welche Stärken und Schwächen hatte ich bei meiner ersten Analyse notiert?

Halten Sie auf Ihrem Plan die Ideen fest, die Ihnen als Antworten auf diese Fragen in den Sinn kommen. Skizzieren Sie Gartenbereiche mit konkreten Funktionen und die nötigen Verbindungswege; beziehen Sie in diese Überlegungen die vorhandenen Gehölze und Einbauten ein, die Sie behalten wollen, wobei Sie derzeit noch nicht zu einer endgültigen Entscheidung kommen müssen. Ihre Skizze sollte in etwa die Form der Abbildung oben haben. Dies ist Ihre „FFF-Skizze“.

Gartenstile

Ist die Gartennutzung in groben Zügen geklärt, wenden sich unsere Gedanken der gestalterischen Umsetzung und der Raumaufteilung zu. Unsere Gartenkultur ist so vielseitig, dass es etliche Gartenstile gibt, denen man nacheifern kann. Für Inspiration sind die unterschiedlichsten Stilarten gut, darunter Cottagegarten, Japangarten, Tropengarten, New German Style, klassischer englischer Garten, moderner Garten, mediterraner Stil und Arts-and-Crafts-Garten.

COTTAGEGARTEN

Überbordende Fülle macht das Wesen des Cottagegartens aus. Die ersten Cottagegärten waren Nutzgärten: Die Arbeiter der Großgrundbesitzer, die in den Cottages wohnten, zogen hier Obst und Gemüse, um angesichts ihres mageren Einkommens ihre Ernährung zu sichern. Dennoch hat sich in unseren Köpfen die Vorstellung festgesetzt, dass üppige Stockrosen, Rosenbüsche und bunte Stauden in Hülle und Fülle der alleinige Zweck dieser kleinen Gärten waren. Auch wenn dieses Artenspektrum überhaupt nicht dem Ursprung entspricht, sind solche Blüten doch wunderschön. Sollten Sie diesen Stil anstreben, sind Sie mit einer dekorativen, duftend überrankten Holzpergola, geschwungenen rosengesäumten Pfaden, Stauden und prächtigen sich selbst versamenden Sommerblumen auf einem guten Weg. Ein Mühlstein, ein Vogelbad und ein Staketenzaun machen die Fantasie perfekt.

JAPANGARTEN

Bei den japanischen Gärten werden mindestens fünf verschiedene Stilarten unterschieden, doch wer nicht absoluter Purist ist, erfreut sich schon an der Umsetzung einiger wesentlicher Charakteristika. Als ich vor Jahren einige Zeit in dem Land zubrachte, wurde mir klar, dass das Wesen der japanischen Gärten die Darstellung japanischer Landschaften im Miniaturformat ist. Im Gegensatz zum traditionellen englischen Garten, der kaum heimische Pflanzen enthält, findet man in den Gärten Japans nichts anderes. Ihre wichtigsten Gestaltungselemente sind Japanischer Ahorn, Kirsche, Bambus und Kiefer. Erst an zweiter Stelle – außerhalb des Landes jedoch für die Anmutung als Japangarten unerlässlich – stehen der Steg mit dem charakteristischen Versatz, das Teehaus, Steinlaternen und Granitwasserbecken.

Hoch aufragende Felsen, geharkter Kies und Ahornbäume vermitteln eine japanische Anmutung.

TROPENGARTEN

Ein Garten nur mit Tropenpflanzen ist in Europa nicht möglich. Doch gibt es diverse winterharte Pflanzen mit „Tropenlook", mit denen Sie einem solchen Traum nacheifern können. Ergänzen Sie dazu empfindlichere, wahrhaft tropische Pflanzen, die Sie frostsicher überwintern. Ähnlich wie beim Cottagegarten gibt es auch für den Tropenstil bestimmte Tricks, die beim Betrachter die gewünschten Empfindungen hervorrufen: Großformatiges Laub, kontrastreiche Texturen und warme Farben im Rot-Orange-Gelb-Spektrum, ergänzt durch den einen oder anderen gewagten Farbkontrast, sind die Mittel der Wahl. Zwar sehen weder die Gärten noch die Natur in tropischen Regionen grundsätzlich so aus, aber irgendwann haben wir in Europa beschlossen, dass rote Blüten und große Blätter die Quintessenz dieser warmen Erdregionen sind.

Es sind Pflanzen wie die Japanische Faser-Banane (*Musa basjoo*), die uns Tropenfeeling spüren lassen. Da sie bei uns nicht winterhart ist, müssen wir auf kleinere Exemplare im Kübel (inklusive frostfreier Überwinterung) ausweichen.

NEW GERMAN STYLE

Der sogenannte New German Style, auch als „New Wave" bezeichnet, schlägt erst seit rund 25 Jahren Wogen; in dieser Zeit wurde er immer weiter ausgefeilt. Sein Grundprinzip sind fast natürlich wirkende, von Stauden dominierte Pflanzungen, die entfernt an Wiesenpflanzungen mit immer wiederkehrenden prägenden Arten erinnern. Der Meister des Fachs ist Piet Oudolf; nicht nur er hat etliche Bücher zu diesem Thema veröffentlicht, in denen dargelegt wird, wie sich der wiesenhafte Eindruck erzielen lässt. Der New German Style lebt von Kombinationen aus langlebigen Stauden und sich selbst versamenden Pflanzen, die über lange Zeit stabile Gemeinschaften bilden.

Wiederkehrende Stauden und versamende Ein- und Zweijährige sind für den New German Style unerlässlich.

KLASSISCHER ENGLISCHER GARTEN

Der Grundgedanke des klassischen englischen Gartens ist tatsächlich ein Konglomerat aus diversen Konzepten, das sich über mehrere Jahrhunderte englischer Gartengeschichte entwickelte. Die bedeutenden Landschaftsgestalter Capability Brown und Humphry Repton hatten darauf ebenso Einfluss wie die Gartenkunst der viktorianischen, georgianischen und edwardianischen Zeit. Kurz zusammengefasst ist der klassische englische Garten durch schnurgerade beziehungsweise symmetrisch geschwungene Linien gekennzeichnet. Typisch sind seine Untergliederung mittels frei wachsenden und formierten immergrünen Sträuchern sowie seine üppigen Rosen-, Stauden- und Gehölzpflanzungen. Wege, Hecken und Rabatten folgen geraden oder geometrischen Linien; hinzu kommen Sichtachsen, Skulpturenschmuck und kleine Wasserspiele.

Formschnitt und großer Blütenreichtum machen den klassischen englischen Garten aus.

Der ultramoderne Garten tendiert zu ausdrucksstarker geradliniger Architektur und markanter Bepflanzung.

MODERNER GARTEN

Die Vorstellung, was die moderne Gestaltung definiert, verändert sich notgedrungen ständig. Man darf jedoch sagen, dass die besten Schaugärten des vergangenen Jahrzehnts stark von der modernen und postmodernen Architektur und dem Minimalismus beeinflusst sind. In vielen ist die Palette an Pflanzen und Materialien auf ein Minimum beschränkt, was einen Eindruck von Ruhe und Leichtigkeit erzeugt. Geradlinigkeit, gesägter Naturstein und Stahlkonstruktionen, dazu Wasserrinnen oder geradlinige Wasserbecken geben den Ton an. Ergänzen Sie dies mit einer angedeuteten Wiese, rostfarbenem Cortenstahl und hellen Pflasterflächen, und schon haben Sie die Grundelemente des modernen Gartens versammelt.

MEDITERRANER GARTEN

Eine gewisse Vorstellung von mediterranen Gärten haben wir alle, schließlich zieht es uns in den Ferien immer wieder gen Süden. Die Essenz dieser Gärten lässt sich in einigen wenigen Materialien und einer relativ beschränkten Pflanzenpalette zusammenfassen; bringt man diese zusammen, weht der Duft des Mittelmeers durch den Garten. Unerlässlich ist Terrakotta in Gestalt von Gefäßen, Dach- und Mauerziegeln, Skulpturen und Fliesen. Kombinieren Sie dies mit gekälkten oder farbstarken Wandflächen und einigen charakteristischen Pflanzen wie Lorbeer, Rosmarin, Zitrusbäumchen, Lavendel und *Bougainvillea* im Kübel – und Ihr mediterraner Garten ist schon fast fertig.

Mit nur wenigen Schlüsselkomponenten lässt sich an beinah beliebigem Ort die duftende Essenz des Mittelmeers einfangen.

GARTEN IM ARTS-AND-CRAFTS-STIL

Gärten in diesem Stil entstanden in England ab den 1880er-Jahren, darunter jene von Hidcote und Hestercombe Manor, gestaltet von Lawrence Johnston beziehungsweise Gertrude Jekyll. Diese beiden Anlagen verkörpern bis heute das Ideal der Arts-and-Crafts-Bewegung, die auf traditionelle Handwerkskunst in Kombination mit einer Gliederung in Gartenräume und auf reiche Bepflanzung innerhalb formaler, geradliniger Beete und Rabatten setzte. Auch Sissinghurst in Kent und Great Dixter in Sussex zeichnen sich durch diese Charakteristika aus. Unterteilen Sie Ihren Garten mit Hecken oder Mauern in Räume, verwenden Sie bearbeiteten Naturstein, bauen Sie mit Ziegeln und Holz. Kombinieren Sie in Ihren Beeten, die gern auch einfarbig gehalten sein dürfen, vielfältige Stauden, Zwiebelblüher, Sommerblumen und Gehölze, und schon haben Sie den Geist der Arts-and-Crafts-Bewegung in Ihrem Garten eingefangen.

Die formalen, reich bepflanzten Gartenräume eines Arts-and-Crafts-Gartens vermitteln Geborgenheit.

Schönes und Nützliches

Nun kommt es darauf an, die verschiedenen Gartennutzungen – die Funktionen Ihres Freiraums – mit dem angestrebten Gartenstil in Einklang zu bringen und den vorhandenen Raum passend zu gliedern. Eine bewährte Methode besteht darin, die Proportionen und die Linienführung des Hauses im Garten fortzuführen. Lassen sich von Fenstern, Türen und/oder anderen Details Muster oder Größenverhältnisse ablesen, die man im Garten fortsetzen kann? Anders gesagt: Gibt die Breite oder Anordnung der Türen und Fenster ein brauchbares Raster für den Garten vor? Machen Sie die Sache aber nicht zu kompliziert; spielen Sie einfach ein wenig. Dieses Raster ist ein Anhaltspunkt, sollte Sie jedoch nicht in Ihrer Kreativität beschränken. So muss der Garten keineswegs geradlinig in Rechtecke oder Quadrate aufgeteilt werden. Legen Sie das Raster einfach über Ihre FFF-Skizze, und schauen Sie, ob es zu den Vorüberlegungen passt. Vielleicht haben Sie bereits festgestellt, dass die Ecke hinten links im Garten besonders sonnig und daher für einen Sitzplatz geeignet ist. Wie passt das in Ihr Raster? Sähe hier ein rechteckiger oder quadratischer Platz gut aus, oder wären abgerundete Linien besser? Wenn ein Weg vom Hintereingang zum rückwärtigen Gartentor führen soll: Muss er gerade verlaufen? Oder könnte er zunächst der Rasterlinie folgen, dann aber einen weiten Bogen zum Gartentor schlagen und damit zugleich dem Rasen einen weiten Schwung verpassen?

Designtricks

In diesem Entwurfsstadium können Sie auch den einen oder anderen Designtrick anwenden. Diese simplen Kniffs lassen sich zu beinahe jedem Zeitpunkt umsetzen – es lohnt, sich darüber Gedanken zu machen, denn sie kitzeln aus jedem Garten das Optimale heraus. Wie andere Gartengestalter auch ziehe ich diese Designwerkzeuge nicht nur heran, um die Gestaltung insgesamt stimmig zu machen, sondern auch, wenn ich das Ambiente beeinflussen oder ein bestimmtes Ortsgefühl kreieren will.

RHYTHMISCHE WIEDERHOLUNG

Dass ein Großteil der professionell gestalteten Schau- und Privatgärten so stimmig wirkt, liegt an Zusammenhalt schaffenden Gestaltungselementen, dem roten Faden. Das kann alles Mögliche sein – Bäume, Zwiebelblüher, Wegbelag, Formgehölze usw. – ausschlaggebend ist ihre Wiederholung im Raum. Dieser Effekt wird zusätzlich verstärkt, wenn die unterschiedlichen Elemente zueinander in Beziehung treten, etwa indem Tulpen im Orange-Spektrum das Rostrot von Containern aus Cortenstahl aufnehmen oder ein Meer aus hellblauen Jungfer-im-Grünen mit der ganz ähnlichen Laubfarbe der Funkien im schattigen Hintergrund korrespondiert. Wie Sie es auch machen: Ein wenig Rhythmus und Wiederholung schafft Zusammenhalt.

SCHLICHTE SYMMETRIE

Seit mehr als 3000 Jahren ist Symmetrie ein Gestaltungsprinzip der Gebäude- wie der Gartenarchitektur. Symmetrie in den Garten zu bringen, könnte einfacher nicht sein. Oft ergibt sie sich schon ganz von selbst, denken Sie nur an Doppelrabatten, Bögen, Pergolen, Durchgänge oder paarweise aufgestellte Töpfe. Es ist von genialer Einfachheit. Dabei lässt sich der Gedanke der Symmetrie sogar mit der rhythmischen Wiederholung verbinden, indem Sie zum Beispiel Formgehölze paarweise und rhythmisch wiederholt in eine Doppelrabatte einbinden.

MIT FARBEN GESTALTEN

Eine Farbrabatte kann wunderschön sein, hat aber meist den Nachteil, dass sie ihre Pracht nur wenige Wochen im Jahr entfaltet. Um Ihrem Garten sein ganzes Farbpotenzial zu entlocken, müssen Sie jede Jahreszeit im Blick haben. Es gibt keinen Grund, warum eine gemischte Rabatte nicht im Frühjahr den Akzent auf Pastellfarben wie Hellblau und Gelb legen sollte, um im Sommer mit Stauden in Rosa und Mauve zu überzeugen und den Herbst mit einem feurigen Farbenspiel der Sträucher zu beschließen. Alle drei Vorgaben lassen sich auf wenigen Quadratmetern erfüllen, sofern Sie nur die richtigen Pflanzen auswählen. Das Beispiel ließe sich so umsetzen: Gelbes Mönchskraut, Vergissmeinnicht und pfirsichfarbene Tulpen im Frühjahr, abgelöst von Zierlauch, Phlox und Glockenblumen, zum Abschluss das flammende Herbstlaub des Flügel-Spindelstrauchs. Dazu etwas immergrünes Blattwerk für den Winter, und schon sind alle Jahreszeiten abgedeckt. Es kommt nur darauf an, alles zu durchdenken und jedes Beet für vier Jahreszeiten auszulegen.

DREIDIMENSIONALITÄT DANK „FÜLLE UND LEERE“

Wer diese Art zu schauen nicht gewohnt ist, empfindet das Konzept womöglich als reichlich abstrakt, doch es ändert nichts daran: Jeder Garten ist eine Kombination von „Fülle“ und „Leere“ – anders gesagt, eine Kombination von dreidimensionalen Objekten mit Lücken dazwischen. Diese Objekte und Lücken sind die Designgrundlagen jedes Gartens – sie strukturieren ihn und lassen ihn wirken. Die Objekte rahmen Perspektiven und Blickachsen – die „Lücken“. Das Spannende beim Garten ist, dass sich diese „Fülle und Leere“ im Jahresverlauf verändert und verschiebt: Pflanzen wachsen heran, verändern ihre Gestalt, verlieren zum Winter ihr Laub. Auch können Sie im Jahresverlauf neue Zusammenhänge zwischen Leerräumen schaffen, etwa indem Sie in einem Beet einen Großteil des Aufwuchses zurückschneiden und nur einige Leitstauden belassen.

Ein raffiniert unterteilter Garten wirkt oft deutlich größer, als er tatsächlich ist.

OPTISCHE VERGRÖSSERUNG DANK UNTERGLIEDERUNG

Eines der einfachsten Mittel, einen Garten optisch zu vergrößern, ist seine Untergliederung in Räume. Ein langer, schmaler Garten, sagen wir von 4 × 16 m, wirkt völlig anders, sobald er durch Hecken in vier Gartenräume von 4 × 4 m unterteilt ist. Dieser Eindruck verstärkt sich noch, wenn Sie die Zugänge zu den einzelnen Räumen abwechselnd rechts und links anordnen, sodass man nur noch im Zickzack zum Ende des Gartens gelangt. Dennoch sind auch bei diesem Ansatz lange Blicklinien möglich: Planen Sie „Fenster“ in Ihre Hecken oder Pflanzungen ein und rahmen Sie so die längstmögliche Blickachse des Gartens.

Ein nur halb offener Durchblick zu einem anderen Gartenraum macht jeden Betrachter neugierig.

OPTISCHE TRICKS ZUR TIEFENWIRKUNG

Die Wahrnehmung der Raumtiefe lässt sich erstaunlich leicht beeinflussen. *Trompe-l’oeil*-Malerei war schon in der Antike ein beliebtes Mittel zu diesem Zweck; schon damals trug man sie gern auf Mauern und Wände auf. Diese perspektivischen Bilder täuschen das Auge, indem sie eine nicht vorhandene Tiefe vorgaukeln. Eine ähnliche Wirkung lässt sich im Garten mit Spiegeln erzeugen; allerdings könnten Vögel gegenfliegen.

Sogenannte falsche Perspektiven lassen sich auch mittels Einbauten oder Gehölzen erzeugen. Ein Weg, der sich zum Fuß des Gartens hin leicht verjüngt, täuscht größere Tiefe vor. Auch mit Sträuchern oder Bäumen können Sie tricksen: Pflanzen Sie sie mehrfach, jedoch in immer kürzerem Abstand, je weiter weg sie stehen.

Der womöglich einfachste Trick stammt aus Japan: die geborgte Landschaft, als *shakkei* bezeichnet. Rahmen Sie mit Gehölzen und/oder anderen Elementen Ihres Gartens einen Baum oder ein anders geartetes Blickziel außerhalb Ihres Gartens, um dieses Element der weiteren Landschaft in Ihr Gartenbild einzubeziehen.

GESTALTEN MIT PFLANZEN – ERSTE ÜBERLEGUNGEN

Ihre zu neuem Leben erweckten Gehölze und Stauden, Ihr angedachter Gartenstil und Ihre geplante Gartennutzung sind ausschlaggebend für die weitere Gestaltung mit Pflanzen. Dafür gibt es zwar keine Blaupause, doch wenn Sie sich an ein paar Grundregeln halten (und ein paar brechen), befinden Sie sich auf bestem Wege zu einem Garten, der Ihnen 365 Tage im Jahr Freude bereitet.

Sorgen Sie in gemischten Rabatten mit etwa einem Drittel an immergrünen Pflanzen für Struktur und Farbe im Winter.

Beschränken Sie sich nicht auf grünlaubige Immergrüne, sondern pflanzen Sie auch solche mit blauem, goldenem, rotem und silbrigem Laub.

Wenige unterschiedliche Arten mit monatelanger Blüte, wo immer möglich eingestreut, sorgen für Zusammenhalt (Rhythmus und Wiederholung!).

Wiederkehrende Formschnittgestalten wie Würfel oder Kugeln verstärken diesen Zusammenhalt.

Zwiebelblüher und frühblühende Waldstauden läuten das Gartenjahr zeitig ein.

Leuchtendes Herbstlaub schmückt noch spät in der Saison.

Gräser und Bambus sorgen für Leichtigkeit und raschelnde Bewegung.

Säen Sie Pflanzen, die sich selbst versamen – irgendwann haben Sie Ihre eigene Samenbank im Boden, die Pflanzlücken spontan selbst schließt.

Grüntöne werden unweigerlich dominieren, schauen Sie daher auf unterschiedliche Blattschattierungen und -texturen.

Bringen Sie ein paar Dauerblüher wie Schöterich oder die Rose 'Bengal Crimson' ein.

Ein paar große Container- oder Ballenpflanzen schenken erste Resultate im Handumdrehen.

Ungerade Zahlen sind passé – setzen Sie Pflanzen ruhig zu zweit oder zu sechst, wenn Ihnen danach ist.

Setzen Sie Farbakzente mit Zwiebelblühern, etwa Zierlauch für den Spätfrühling und Stern-Gladiolen für den Sommer.

Mit Waldreben (*Clematis*) und einjährigen Kletterern lassen sich vorhandene Gehölze aufpeppen.

Denken Sie auch an die Tierwelt mit Pflanzen, die Samen oder Beeren tragen.

Achten Sie im Staudenbeet auf kontrastierende Blütenformen wie Blütenteller und -ähren.

Sowohl bei den Blüten als auch beim Laub sind Farbthemen möglich.

FALLSTUDIEN:
Zeit für eine Überholung

Jeder Garten ist anders, von den Boden- und Lichtverhältnissen über die Niederschlagsmenge und die vorhandenen Pflanzen bis hin zu seinem Charakter. Da überrascht es kaum, dass es keine allgemeingültigen Gestaltungslösungen gibt. Dennoch werfen die Gärten in den folgenden Fallstudien Probleme auf, wie sie für viele Gärten typisch sind:

1. Terrassengarten

2. Moderner Stadtgarten

3. Hausgarten (Doppelhaushälfte)

4. Hausgarten

Die Designlösungen für diese Gärten lassen sich – entsprechend erweitert oder verkleinert – auf etliche andere Gärten anwenden.

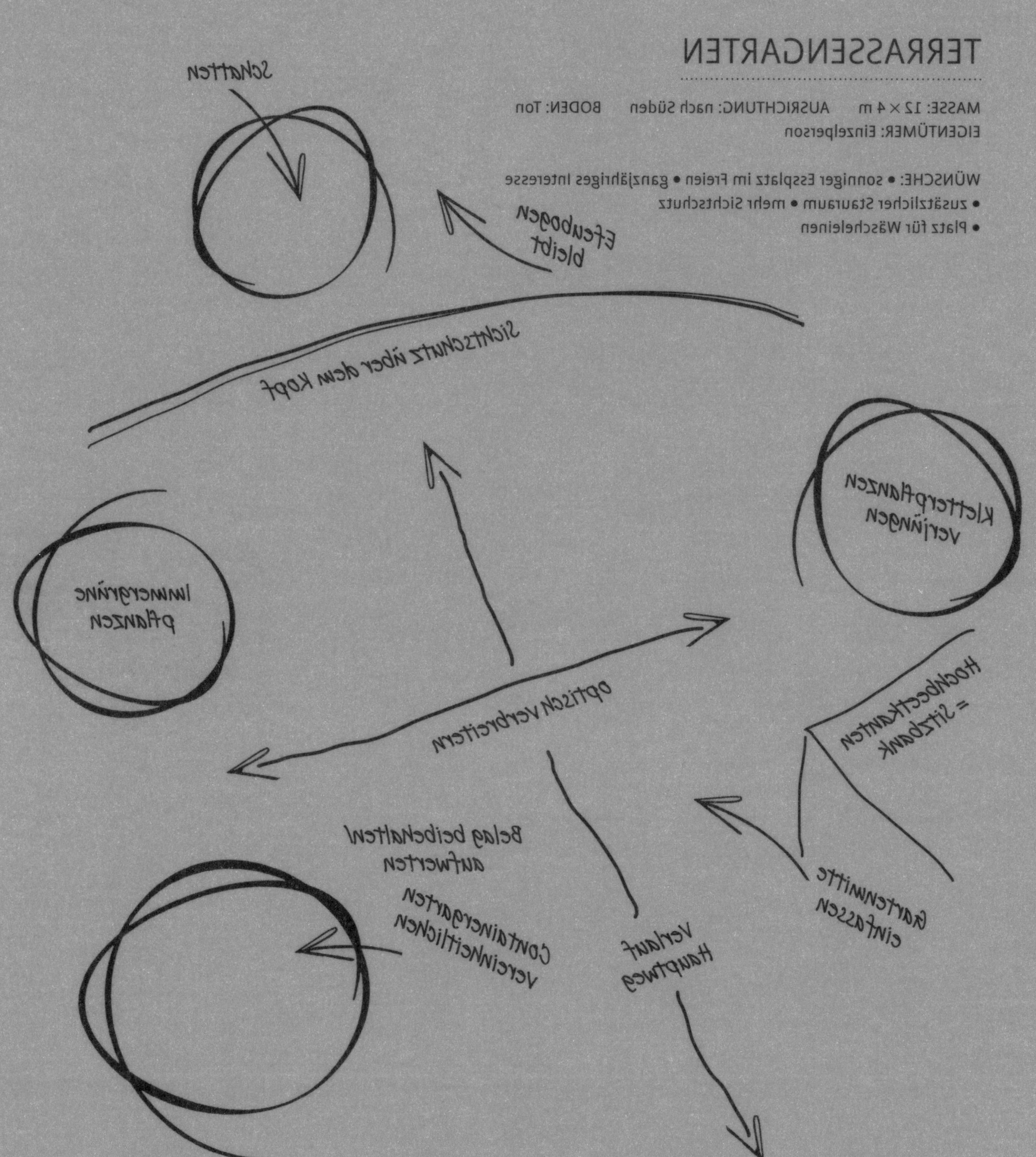

TERRASSENGARTEN
MASSE: 12 × 4 m AUSRICHTUNG: nach Süden BODEN: Ton
EIGENTÜMER: Einzelperson
WÜNSCHE: • sonniger Essplatz im Freien • ganzjähriges Interesse
• zusätzlicher Stauraum • mehr Sichtschutz
• Platz für Wäscheleinen
Schatten
Efeubogen bleibt
Sichtschutz über dem Kopf
Kletterpflanzen verjüngen
Immergrüne Pflanzen
optisch verbreitern
Hochbeetkanten = Sitzbank
Belag beibehalten/ aufwerten
Containergarten vereinheitlichen
Verlauf Hauptweg
Gartenmitte einfassen

TERRASSENGARTEN

MASSE: 12 × 4 m AUSRICHTUNG: nach Süden BODEN: Ton
EIGENTÜMER: Einzelperson

WÜNSCHE: • sonniger Essplatz im Freien • ganzjähriges Interesse • zusätzlicher Stauraum • mehr Sichtschutz • Platz für Wäscheleinen

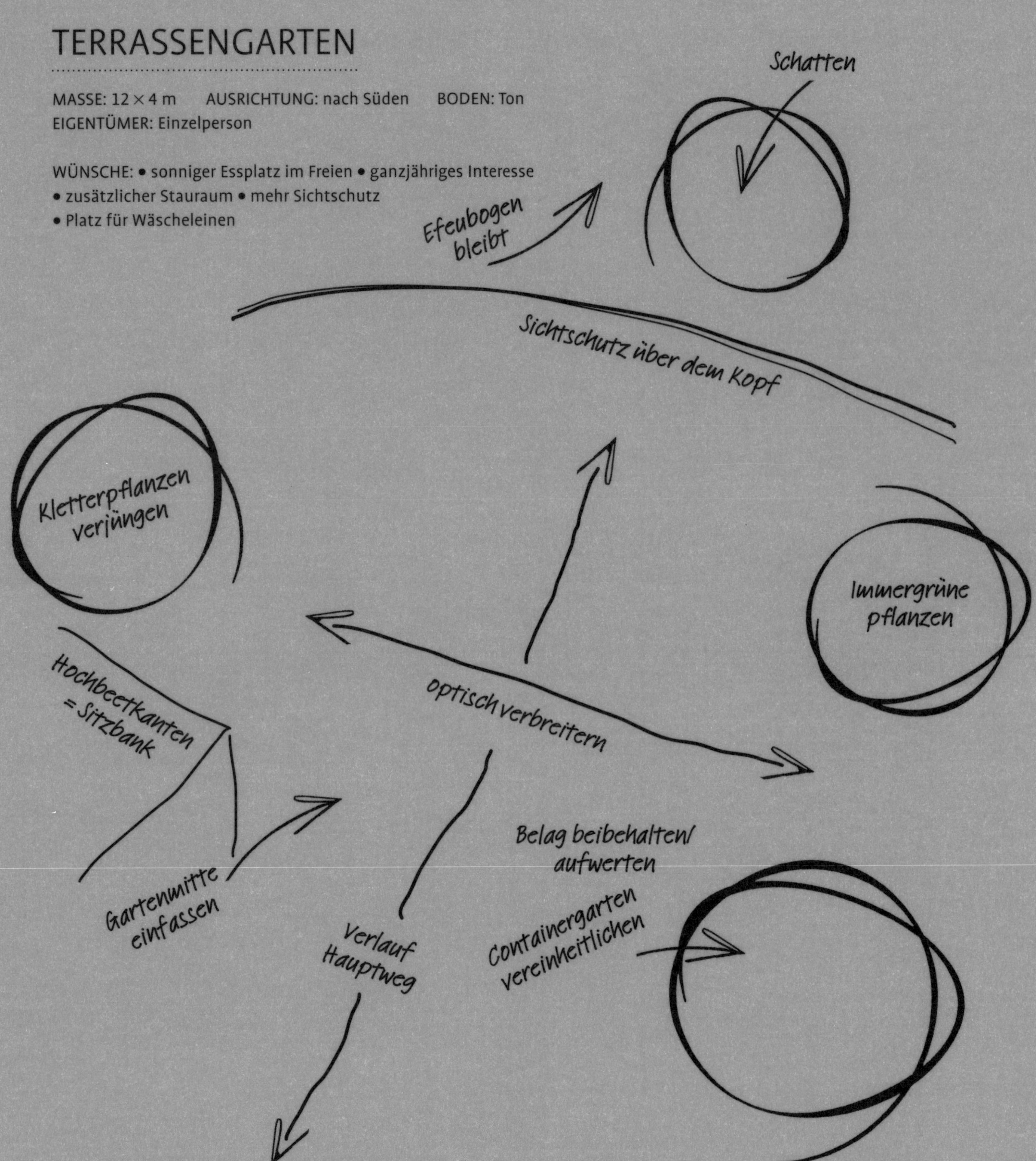

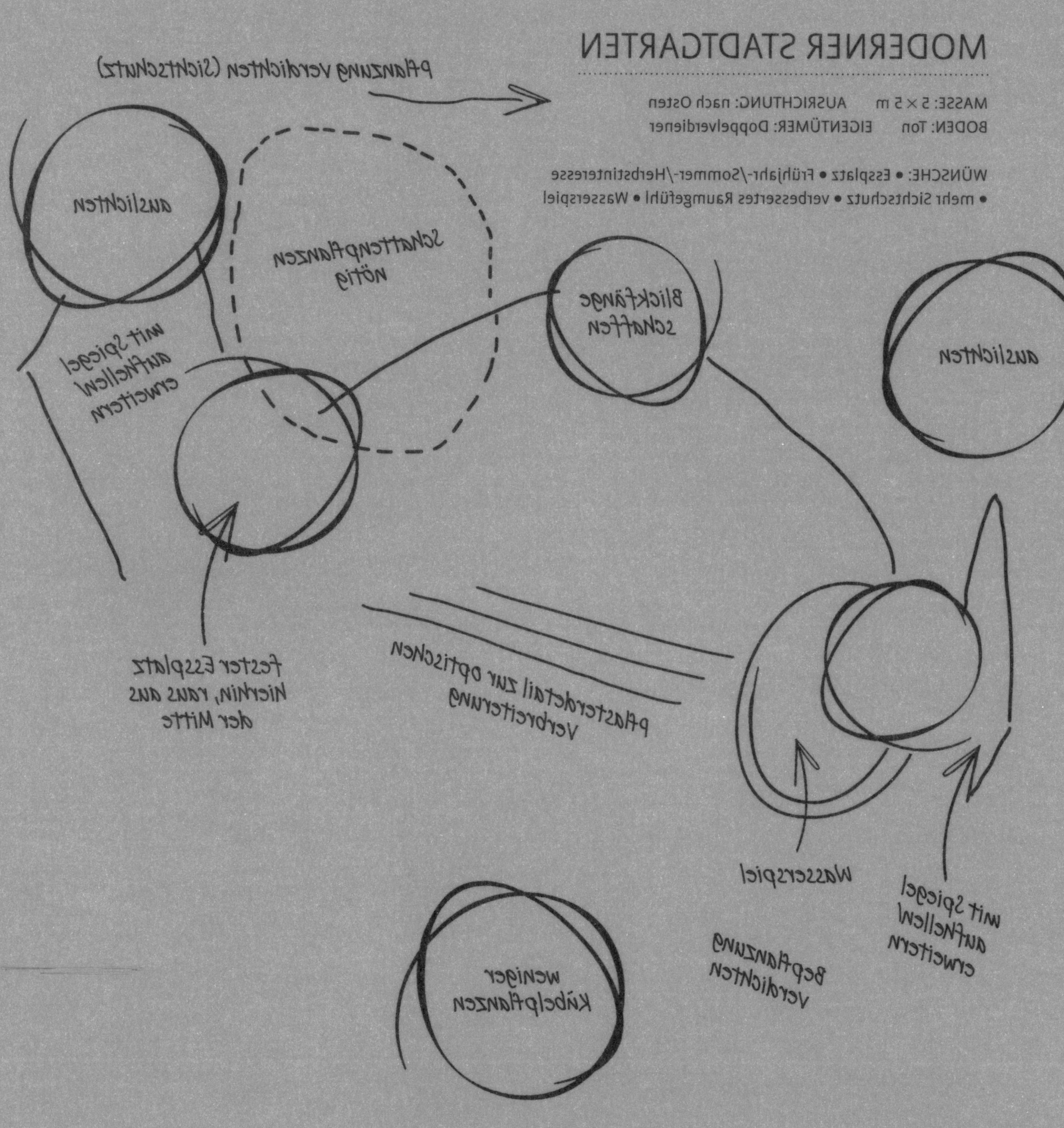

MODERNER STADTGARTEN
MASSE: 5 × 5 m AUSRICHTUNG: nach Osten
BODEN: Ton EIGENTÜMER: Doppelverdiener
WÜNSCHE: • Essplatz • Frühjahr-/Sommer-/Herbstinteresse
• mehr Sichtschutz • verbessertes Raumgefühl • Wasserspiel
Pflanzung verdichten (Sichtschutz)
Ansichten
Schattenpflanzen nötig
Blickfänge schaffen
Ansichten
mit Spiegel aufhellen/erweitern
fester Essplatz hierhin, raus aus der Mitte
Pflasterdetail zur optischen Verbreiterung
Wasserspiel
mit Spiegel aufhellen/erweitern
Bepflanzung verdichten
weniger Kübelpflanzen

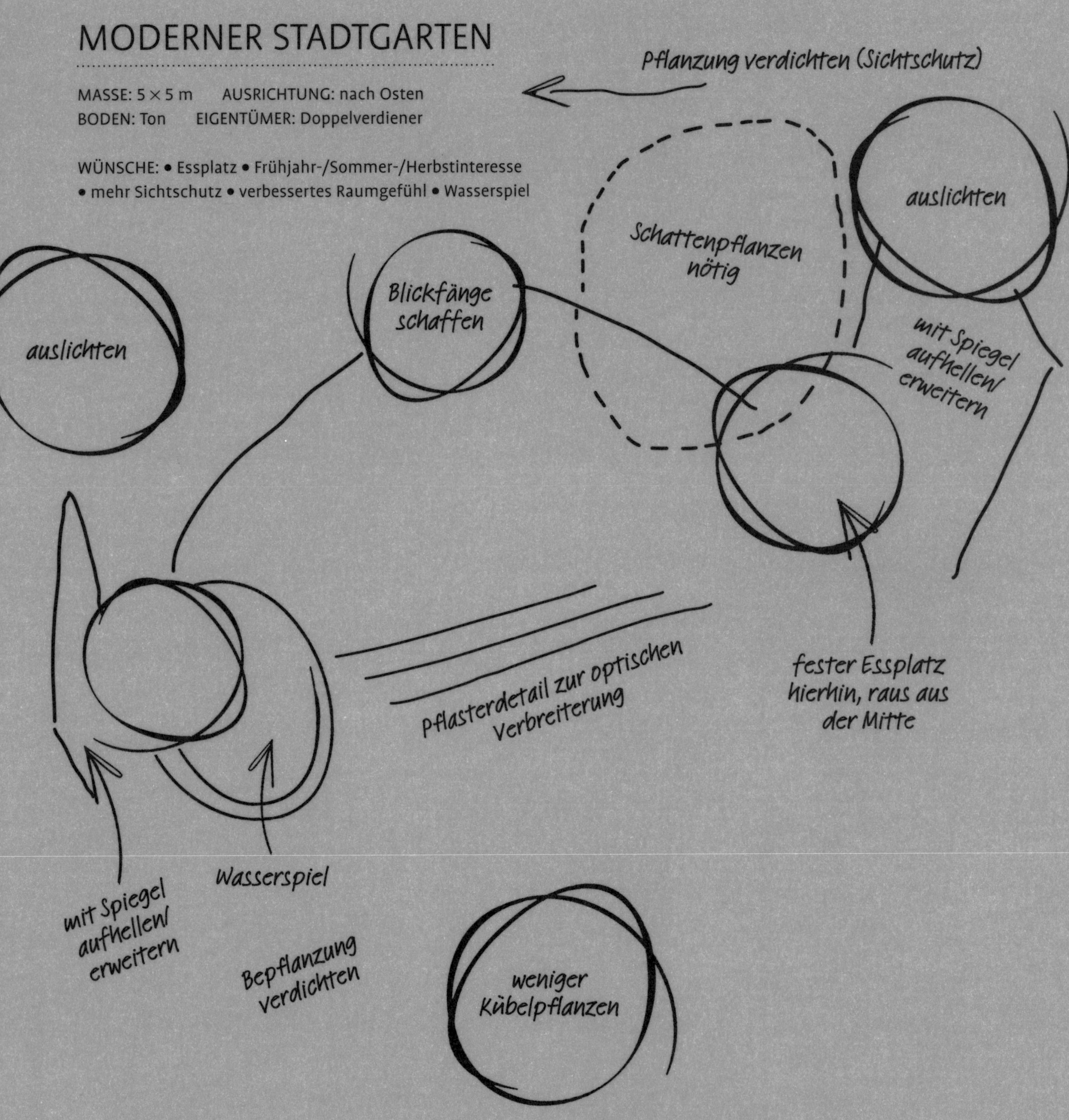
MODERNER STADTGARTEN
MASSE: 5 × 5 m AUSRICHTUNG: nach Osten
BODEN: Ton EIGENTÜMER: Doppelverdiener
WÜNSCHE: • Essplatz • Frühjahr-/Sommer-/Herbstinteresse
• mehr Sichtschutz • verbessertes Raumgefühl • Wasserspiel
Pflanzung verdichten (Sichtschutz)
auslichten
Schattenpflanzen nötig
Blickfänge schaffen
auslichten
mit Spiegel aufhellen/ erweitern
fester Essplatz hierhin, raus aus der Mitte
Pflasterdetail zur optischen Verbreiterung
Wasserspiel
mit Spiegel aufhellen/ erweitern
Bepflanzung verdichten
weniger Kübelpflanzen

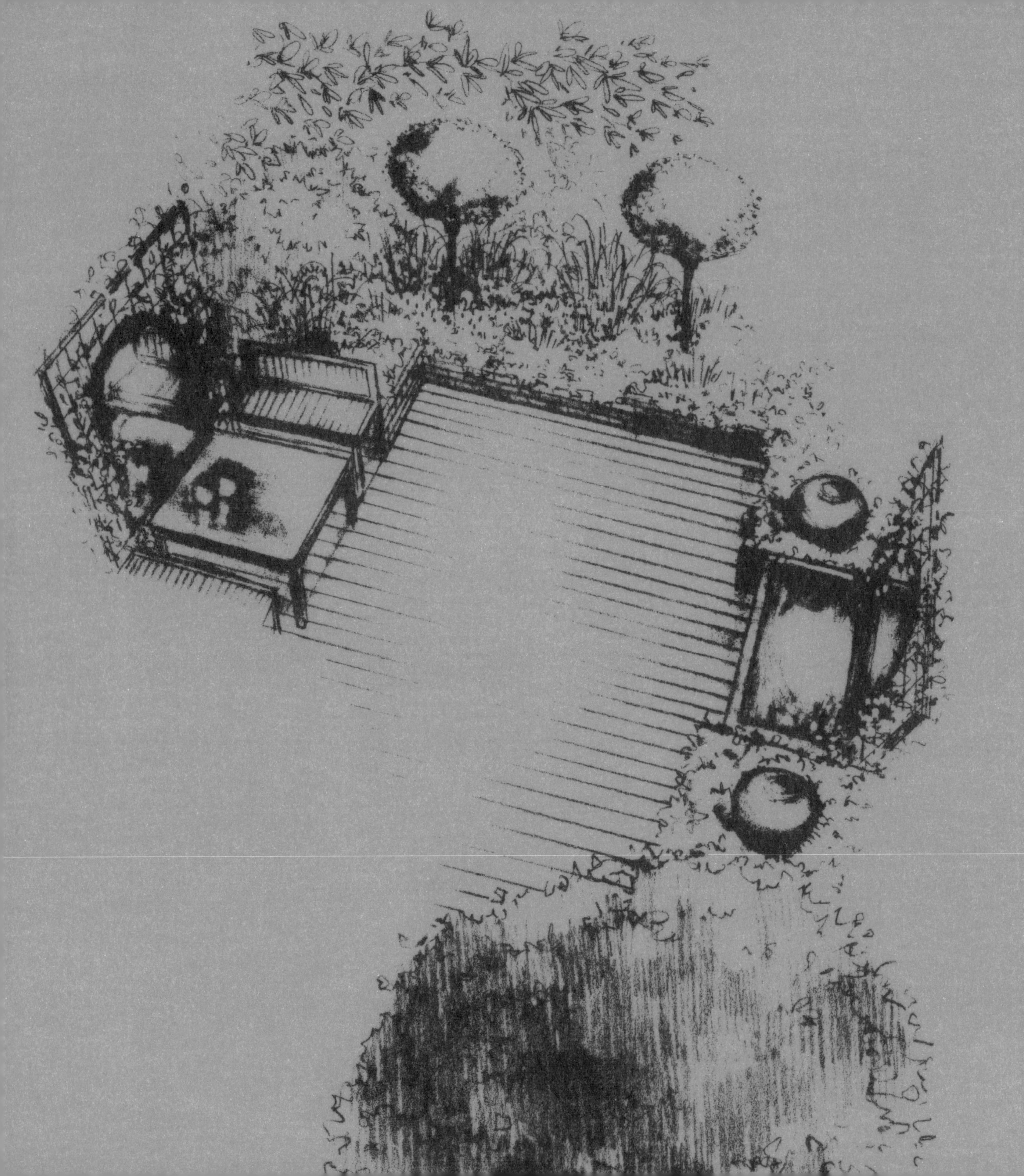

HAUSGARTEN (DOPPELHAUSHÄLFTE)

MASSE: 7 × 18 m AUSRICHTUNG: nach Norden BODEN: schluffiger Ton EIGENTÜMER: Familie mit zwei kleinen Kindern

WÜNSCHE: • Essplatz • Spielbereich • Grillplatz • ganzjähriges Interesse • kleiner Naturteich

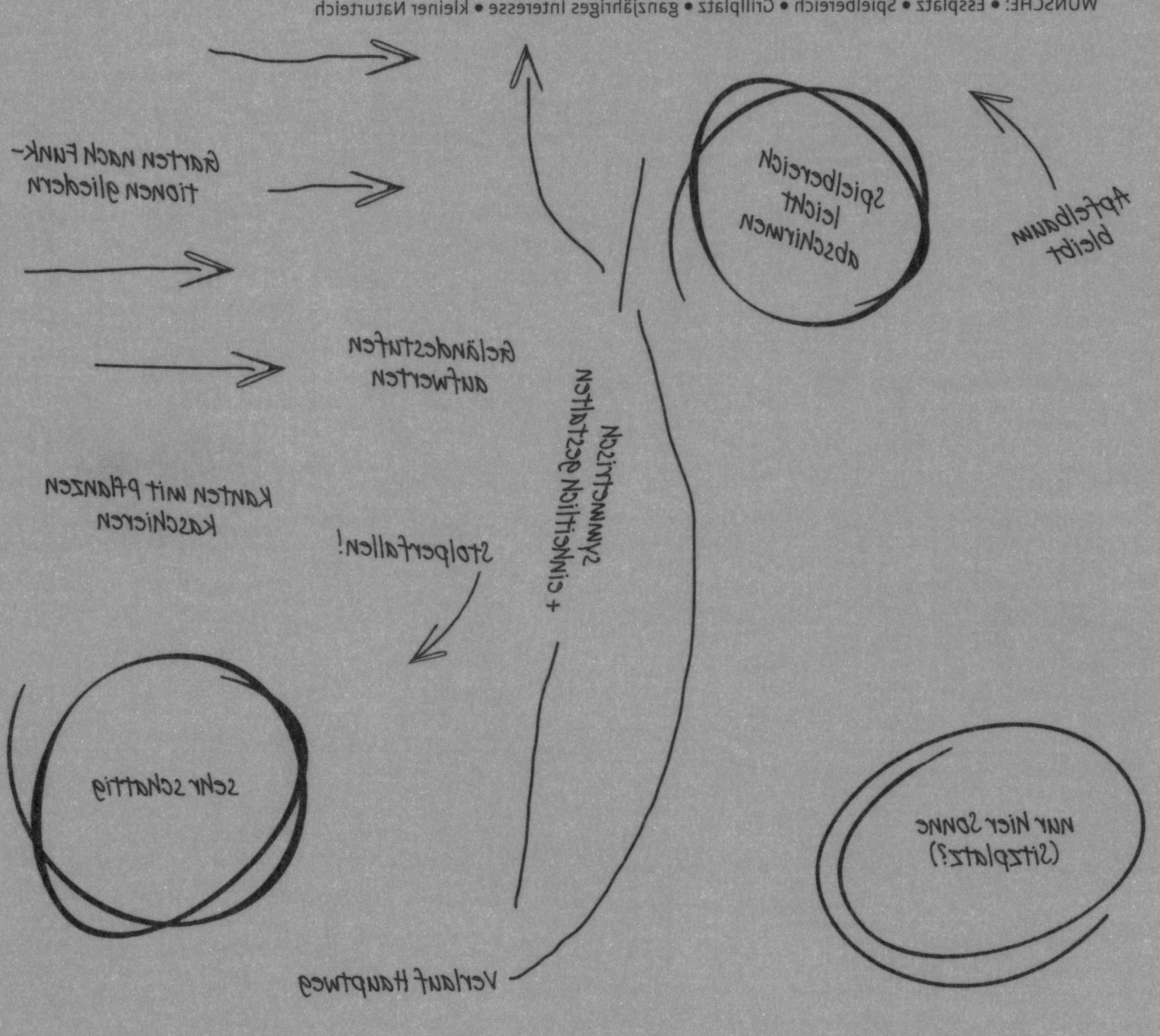

HAUSGARTEN (DOPPELHAUSHÄLFTE)

Platz schaffen für versteckten Naturteich

MASSE: 7 × 18 m AUSRICHTUNG: nach Norden BODEN: schluffiger Ton EIGENTÜMER: Familie mit zwei kleinen Kindern

WÜNSCHE: • Essplatz • Spielbereich • Grillplatz • ganzjähriges Interesse • kleiner Naturteich

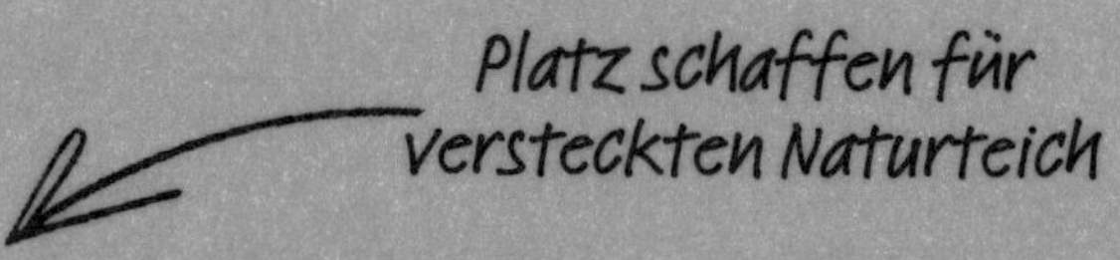

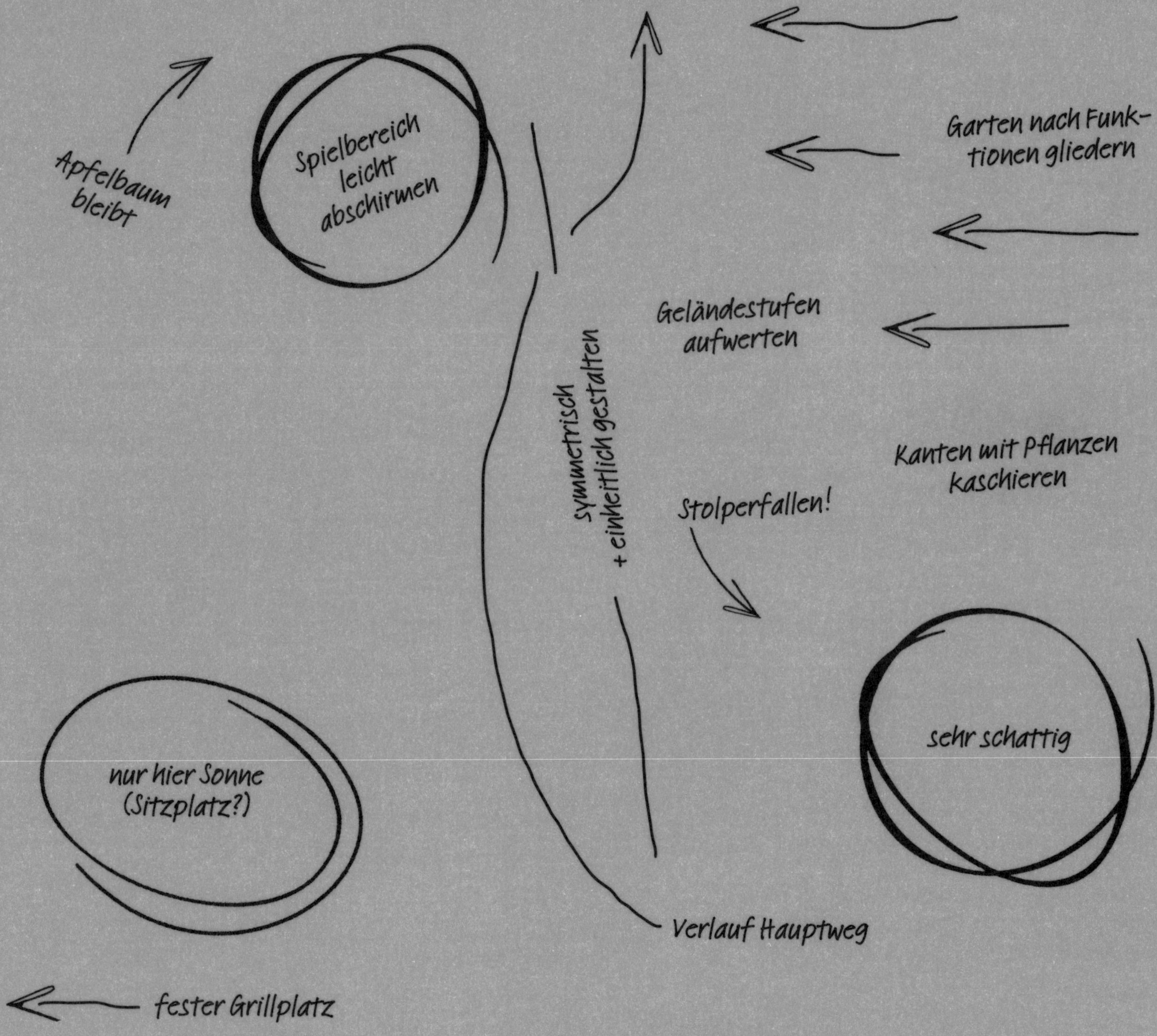

Apfelbaum bleibt
Spielbereich leicht abschirmen
Garten nach Funktionen gliedern
Geländestufen aufwerten
symmetrisch + einheitlich gestalten
Kanten mit Pflanzen kaschieren
Stolperfallen!
sehr schattig
nur hier Sonne (Sitzplatz?)
Verlauf Hauptweg
fester Grillplatz

HAUSGARTEN

MASSE: 20 × 40 m AUSRICHTUNG: nach Südosten BODEN: sandiger Lehm
EIGENTÜMER: Rentnerpaar – begeisterte Gärtner

WÜNSCHE: • Raumgliederung • weiche Linienführung • mehr Beetfläche • Gartenterrasse mit Esstisch • Küchengarten

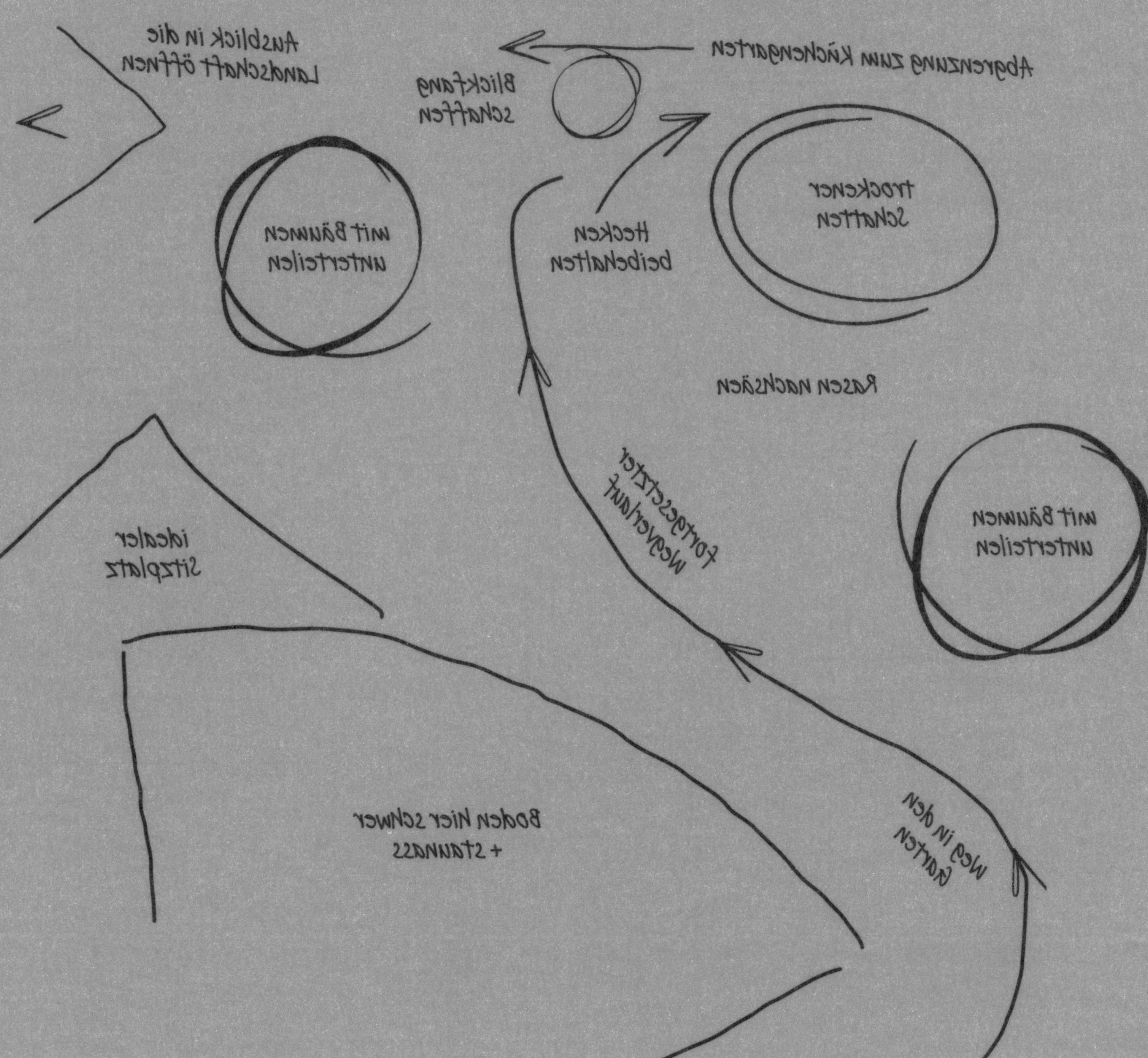

HAUSGARTEN

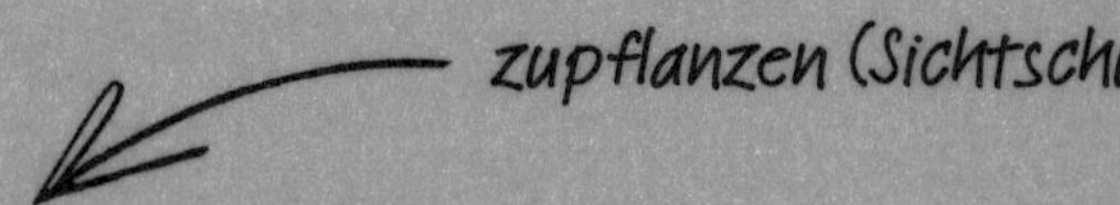

MASSE: 20 × 40 m AUSRICHTUNG: nach Südosten BODEN: sandiger Lehm
EIGENTÜMER: Rentnerpaar – begeisterte Gärtner

WÜNSCHE: • Raumgliederung • weiche Linienführung • mehr Beetfläche • Gartenterrasse mit Esstisch • Küchengarten

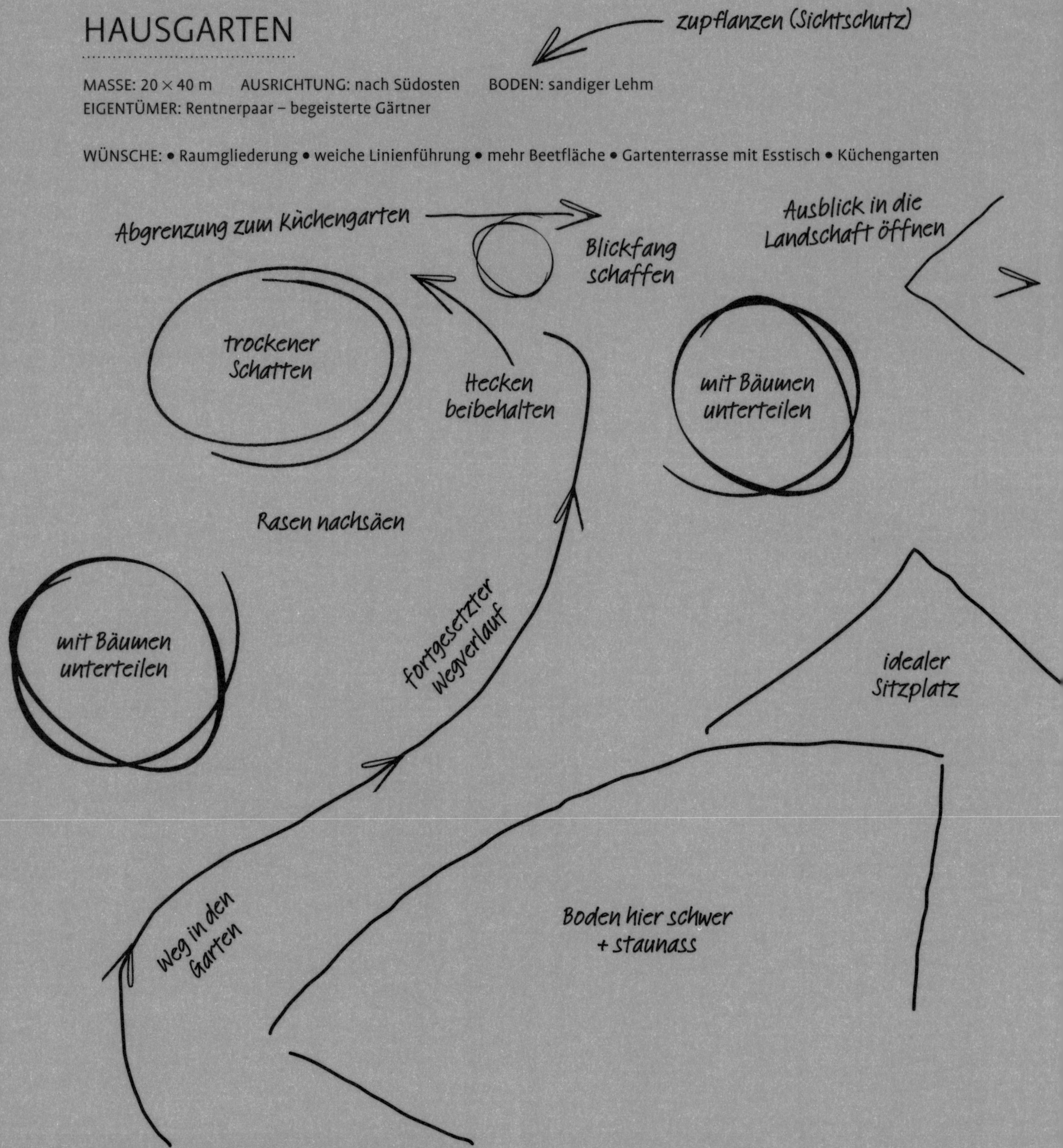

zupflanzen (Sichtschutz)
Abgrenzung zum Küchengarten
Blickfang schaffen
Ausblick in die Landschaft öffnen
trockener Schatten
Hecken beibehalten
mit Bäumen unterteilen
Rasen nachsäen
mit Bäumen unterteilen
fortgesetzter Wegverlauf
idealer Sitzplatz
Weg in den Garten
Boden hier schwer + staunass

Auswählen und umpflanzen

Haben Sie einen guten Überblick über Ihren Garten gewonnen, so beginnt der Überarbeitungsprozess. Dabei geht es darum, aus allem, was der Garten an Pflanzen zu bieten hat, das Beste herauszuholen. Manche Pflanzen stehen von vornherein an der richtigen Stelle, andere müssen an einen neuen Standort, und manche werden Sie vermehren wollen. Dieser Prozess bezieht nun alle vorhandenen Pflanzen ein, einschließlich Stauden, Sommerblumen, Zwiebelblühern und Wasserpflanzen.

Sträucher umpflanzen

Es lassen sich erstaunlich große Sträucher und Koniferen umpflanzen, solange Sie nur den rechten Zeitpunkt wählen. Das ideale Zeitfenster für sommer- wie für immergrüne Gehölze ist die Ruhephase zwischen Spätherbst und zeitigem Frühjahr, denn dann stehen sie nicht im Saft und haben ihr Wachstum fast völlig eingestellt. Ich habe in der Vergangenheit schon bis 2 m hohe Exemplare umgesetzt; allerdings sind dazu gute Vor- und Nacharbeiten nötig.

Wollen Sie einen großen Strauch umpflanzen, sollten Sie ihn möglichst schon im Vorjahr in 50 cm Abstand von der Basis mit dem Spaten umstechen. Der Strauch bildet daraufhin an den Enden der abgestochenen Wurzeln zahlreiche Faserwurzeln, die ihm nach dem Umzug die Wasseraufnahme erleichtern. Das ist natürlich die Idealvorstellung. Ist es Ihnen nicht möglich, ein ganzes Jahr abzuwarten, beginnen Sie im ausgehenden Winter bzw. zeitigen Frühjahr – Hauptsache, der Boden ist nicht gefroren. Sollten Sie ein Drittel der Triebe entbehren können, reduziert dies den Wasserbedarf nach dem Blattaustrieb; zugleich kompensiert es das Ungleichgewicht zwischen dem oberirdischen Volumen und dem radikal reduzierten Wurzelvolumen zumindest teilweise. Nach dem Rückschnitt heben Sie mit dem Spaten rings um den Strauch einen etwa 30 cm breiten und 50 cm tiefen Graben aus. Peilen Sie dabei einen Wurzelballen von 60–70 cm Durchmesser an. Graben Sie anschließend den Wurzelballen unterseits los – bei Sandboden beginnt er nun auseinanderzufallen; bei Tonboden hält er als klebriger Klumpen zusammen. Legen Sie den Strauch zur Seite um, sobald die Wurzeln befreit sind, und schieben Sie ein Stück Sackleinen so weit unter, wie Sie können. Legen Sie den Strauch dann zur anderen Seite um und ziehen Sie das Sackleinen ganz unter den Wurzelballen – eventuell muss dabei jemand helfen. Nachdem Sie das Leinen fest um den Ballen verknotet haben, lässt sich der Strauch transportieren. Mein Mittel der Wahl ist die Sackkarre.

Bereiten Sie ein Pflanzloch vor, das um etwa 50 Prozent größer ist als der Wurzelballen des Strauchs, und arbeiten Sie etwas gute torffreie Erde unter. Den Strauch in das neue Loch zu bugsieren kann genauso schwierig sein, wie ihn aus dem alten herauszuholen. Kippen Sie ihn von der Sackkarre und rollen Sie ihn hinein – wenn dies klappt, haben Sie sich viel Mühe erspart. Steht der Strauch, und haben Sie ihn mit der Schokoladenseite nach vorn ausgerichtet, füllen Sie das Loch langsam auf. Verdichten Sie die eingefüllte Erde alle 15 cm, um dem Strauch Standfestigkeit zu geben und dafür zu sorgen, dass die Wurzeln Kontakt zum neuen Boden haben. Das Sackleinen kann an Ort und Stelle verbleiben: So wird der Wurzelballen nicht noch mehr geschädigt. Schon nach wenigen Monaten haben sich die Wurzeln durch das Gewebe geschoben, das im Laufe der nächsten zwei Jahre verrottet.

Umgeben Sie den Strauch beim Einpflanzen mit einem Gießrand, damit Gießwasser direkt zu seinen Wurzeln gelangt. So läuft es nicht weg, sondern dringt genau da ein, wo es benötigt wird. Alternativ können Sie ein meterlanges Stück 100-mm-Flexrohr senkrecht mit eingraben (ein paar Zentimeter lassen Sie aus dem Boden schauen); zum Gießen stecken Sie einfach den Gartenschlauch hinein.

Einen großkronigen Strauch – und einen immergrünen erst recht – lohnt es anzubinden, damit er in Ruhe einwurzeln kann, ohne dass die neu gebildeten Wurzeln abreißen, wenn der Wind an ihm rüttelt. Eine ordentliche Gabe Hornmehl rings um die Basis unterstützt im Frühjahr die Wurzelbildung. Behalten Sie den Strauch und seinen Wasserbedarf im ersten Jahr gut im Blick, damit er ohne Umpflanzschock anwächst.

Sträucher vermehren

Ein positiver Begleiteffekt solcher Umpflanzaktionen ist das anfallende Schnittgut. Häufig lässt es sich direkt für die Steckholzvermehrung verwerten. Diese einfachste aller Vermehrungsformen nimmt während der Ruhezeit buchstäblich nur Sekunden in Anspruch.

Wählen Sie eine etwa 40 cm lange, gut ausgereifte, möglichst bleistiftstarke Rute – daraus entsteht der Gehölzsteckling. Schneiden Sie sie am unteren Ende knapp unterhalb eines Knotens gerade ab; 40 cm darüber schneiden Sie sie schräg ab. Für den gen Himmel zeigenden schrägen Schnitt gibt es zwei Gründe: Zum einen trocknet eine solche Schnittstelle nach Regen gut ab, zum anderen lassen sich oben und unten auseinanderhalten. Stechen Sie den Spaten an einer Stelle, wo es nicht stört, in den Boden und stecken Sie die Steckhölzer zur Hälfte (20 cm) hinein. Das war's schon. Im nächsten Winter können Sie die bewurzelten Stecklinge mit dem Spaten aufnehmen und an den vorgesehenen Platz pflanzen.

FÜR DIE STECKHOLZ-VERMEHRUNG GEEIGNETE STRAUCHARTEN

- Sommerflieder (*Buddleja*)
- Hartriegel (*Cornus*)
- Holunder (*Sambucus*)
- Weide (*Salix*)
- Pfeifenstrauch (*Philadelphus*)
- Schneeball (*Viburnum*)
- Johannisbeere (*Ribes*)
- Forsythie (*Forsythia*)
- Deutzie (*Deutzia*)
- Rose (*Rosa*)

Stauden und Gräser umpflanzen und vermehren

Es gibt zahlreiche Gründe, mehrjährige Pflanzen zu teilen oder umzupflanzen. Ältere Horste beginnen nach ein paar Jahren, von der Mitte her zu verkahlen – mit kräftigen jungen Teilstücken, die Sie dem Rand entnehmen, können Sie neue üppige Pflanzen aufbauen. Andere Stauden müssen umziehen, weil sie schlicht am falschen Platz stehen. Wieder andere wollen Sie vielleicht vermehren, um den vorhandenen Horst zu vergrößern, um sie öfter in derselben Rabatte zu verwenden oder auch in andere Gartenteile zu bringen (Stichwort „Zusammenhalt"). Es ist eine einfache, kostensparende Methode, an mehr Pflanzen zu kommen. Über den idealen Zeitpunkt gibt es keine Einigkeit – manche sagen im Sommer, andere sagen im Herbst. Beides geht; ich persönlich finde das späte Frühjahr am besten. Zu diesem Zeitpunkt treiben die Pflanzen am kräftigsten, sie wollen unbedingt wachsen, da interessiert es sie wenig, dass ein eifriger Gärtner sie gerade gevierteilt hat.

Schneiden Sie zunächst das Grün ein wenig zurück. Das verringert den Wasserbedarf nach dem Umpflanzen, sodass sich die Pflanze schneller erholt. Bei manchen kleineren Stauden empfiehlt es sich, sie komplett aufzunehmen (1) und die Wurzeln mit zwei Grabegabeln – Rücken an Rücken hineingesteckt – auseinanderzuziehen (2). Bei Pflanzen mit festem Wurzelwerk wirkt ein Messer Wunder. Bei größeren Stauden oder sehr massiven Horsten stechen Sie Teilstücke mit dem Spaten ab. Peilen Sie eine Ballengröße an, die der Höhe und Breite des Spatenblatts entspricht. Bei schwereren Ton- und Lehmböden hält ein solches Staudenstück zusammen, bis es wieder eingepflanzt ist (3). Bei Sandböden sieht das anders aus. Da Staudenballen, die aus leichtem Boden aufgenommen werden, häufig zerfallen und dabei weitere Wurzelstücke verlieren, ist hier ein anderes Vorgehen nötig. Bereiten Sie das Pflanzloch vor, bevor Sie die Staude aufnehmen. Stechen Sie das Staudenstück ab und nehmen Sie es direkt – auf dem Spatenblatt liegend – auf. Tragen Sie es so an den neuen Platz und lassen Sie es direkt in das vorbereitete Loch gleiten. So brauchen Sie es überhaupt nicht abzulegen und riskieren nicht, Wurzeln zu verlieren. Das klingt vielleicht seltsam, aber es funktioniert!

Wenn Sie Stauden teilen, bekommen Sie neue Pflanzen zum Nulltarif.

Das Einpflanzen selbst läuft genauso ab wie bei einem Strauch (Seite 132). Bereiten Sie das Pflanzloch etwa eineinhalb Mal so tief und breit vor, wie der Wurzelballen groß ist, arbeiten Sie etwas torffreie Erde ein, drücken Sie den Boden gut an und gießen Sie die Pflanze an. Ein paar Tage wird diese die Blätter hängen lassen, doch wenn Sie brav gießen, fasst sie bald Fuß und kommt schon nach wenigen Wochen alleine klar.

Stauden und Gräser teilen

Aster, Phlox, Kugeldistel, Storchschnabel, Flockenblume, Funkie, Sterndolde, Arzneiehrenpreis, Sonnenbraut, Margerite, Gilbweiderich, Glockenblume, Rittersporn, Anemone, Wiesenraute, Segge, Federgras, Chinaschilf

Aus einem Storchschnabel dieser Größe lassen sich sechs oder mehr Teilpflanzen gewinnen.

So pflanzen Sie richtig

Egal, ob Sie ein 2 m hohes Solitärgehölz oder eine winzige Steingartenstaude einsetzen – Ihre Vorgehensweise hat gewaltigen Einfluss darauf, wie gut Ihre Pflanze anwächst. Zwar sind alle Pflanzen aufs Überleben getrimmt und mühen sich sogar dann redlich ab, wenn sie stiefmütterlich behandelt werden. Dennoch reagieren sie deutlich anders, wenn man ihnen den roten Teppich ausrollt: Sie fassen rascher Fuß, nehmen mehr Wasser auf, blühen schöner und sind viel schneller selbstständig, als wenn sie lieblos in den Boden gestopft werden. Sorgsames Einpflanzen hilft ihnen, sich gegen Schädlinge und Krankheiten zu wehren, es lässt sie mit den Bodenlebewesen in Kontakt treten und hilft ihnen selbst dann, gut und tief einzuwurzeln, wenn sich im Topf schon Ringelwurzeln gebildet hatten.

Die Vorüberlegungen und das Vorgehen selbst sind eigentlich immer dieselben. An erster Stelle steht der Pflanzplatz (Seite 14), an zweiter die Bodenbeschaffenheit. Ist diese richtig für Ihre Pflanze, oder muss in Hinblick auf Wasserdurchlässigkeit, Nährstoffgehalt und pH-Wert etwas getan werden (ab Seite 96)? Haben Sie dies abgehakt, können Sie mit dem Pflanzen beginnen.

1. Schauen Sie, welches die schönste Seite Ihrer Pflanze ist – von welcher Seite wirkt sie besonders dicht, welche ist besonders gut aufgebaut? Bei Einjährigen und mehrjährigen Stauden ist dies weniger ausschlaggebend, bei Sträuchern und Bäumen jedoch unerlässlich.

2. Graben Sie Ihr Pflanzloch etwa doppelt so breit und tief, wie der Topfballen der Pflanze groß ist; lagern Sie den zerkrümelten Aushub gleich daneben.

3. Mischen Sie Gartenkompost oder torffreie Pflanzerde in das Loch und unter den Aushub – ungefähr genauso viel, wie der Wurzelballen umfasst.

Gießen

Regelmäßiges Gießen im ersten Standjahr sorgt dafür, dass die Pflanze gut anwächst. Besonders wichtig ist dies bei größeren Exemplaren (Topfgröße 10 l und mehr).

4. Topfen Sie die Pflanze aus; lösen Sie bei Gehölzen Ringelwurzeln vom Topfballen (bei Sommerblumen und Stauden ist dies unnötig). Füllen Sie einen Teil der Erdmischung in das Loch, und setzen Sie die Pflanze darauf (nicht tiefer einsetzen, als sie im Topf gestanden hat).

5. Füllen Sie nun das Loch mit der verbliebenen Erdmischung auf, sodass die Pflanze fest steht. Sorgen Sie für guten Bodenschluss zwischen den Wurzeln und der eingefüllten Erdmischung; drücken Sie diese seitlich gut an, doch drücken Sie nicht von oben auf den Topfballen.

6. Ziehen Sie die Erde glatt. Umgeben Sie die Pflanze mit einem niedrigen Gießrand, damit das Gießwasser nicht davonläuft, sondern zu den Wurzeln gelangt. Gut angießen.

Samen selber sammeln und aussäen

Wer einem alten Garten zu neuer Schönheit verhelfen will, hat reichlich Gelegenheit, sich auszuprobieren. Eine der leichtesten Übungen besteht darin, Pflanzen aus selbst gesammelten Samen zu ziehen. So kommen Sie im Nu an eine große Pflanzenfülle, und das quasi umsonst.

Samen zu sammeln ist keine Geheimwissenschaft – es braucht lediglich ein wenig aufmerksame Beobachtung. Wächst und blüht in dem von Ihnen übernommenen Garten etwas, das Ihnen gefällt und wovon Sie dort oder an anderer Stelle gern mehr hätten, beobachten Sie es!
Es gibt keine fixe Zeit, zu der die Samen einer bestimmten Pflanze reifen, denn sowohl die Witterung als auch die Pflanze verhalten sich von Jahr zu Jahr anders. Wichtig ist, dass Sie die Pflanze im Auge behalten, sobald die Blüte vorbei ist. Kontrollieren Sie sie alle paar Tage, dann merken Sie gewiss, wenn die Samen so weit sind: Ihre Zeit ist gekommen, wenn die Samenstände braun werden und ihre Saat zu verstreuen beginnen. Stecken Sie die Samenstände dann in eine Papiertüte, die Sie mit dem Datum und dem Namen der Pflanze versehen, und lassen Sie sie an einem warmen trockenen Ort vollständig trocknen. Nach ein paar Wochen können Sie die Saat herausschütteln und in kleinere Tüten füllen. Bewahren Sie diese in einer Dose kühl und trocken auf, bis es an der Zeit ist, sie auszusäen.

Selbst gesammelte Samen und die daraus gezogenen Pflanzen machen das Gärtnern besonders spannend.

Das Vorgehen beim Aussäen ist ein wenig unterschiedlich, je nachdem, von welcher Pflanze die Samen stammen. Samen von Sträuchern oder Stauden säen Sie am besten in kleine Töpfe oder Schalen in Anzuchterde. Drücken Sie die Erde an, streuen Sie einige Samen darauf, und sieben Sie etwas Erde darüber. Ein Zimmergewächshaus beschleunigt die Keimung; Sie können die Töpfchen jedoch auch etwas Wasser aufsaugen lassen, mit einer durchsichtigen Plastiktüte abdecken und hell und warm (nicht sonnig) aufstellen. Die meisten im Frühjahr gesäten Samen gehen innerhalb von Wochen auf. Sobald sich das erste richtige Blatt zeigt, können Sie die Pflänzchen in Töpfe vereinzeln und weiterziehen. Nach vier bis sechs Monaten sind viele schon groß genug, um in den Garten umgesetzt zu werden; bei Sträuchern allerdings kann es länger dauern.

Einjährige sind eine andere Angelegenheit. Frostempfindliche Einjährige, die sogenannten Sommerannuellen, werden wie oben beschrieben angezogen. Frostunempfindliche hingegen, die einjährig-überwinternden Pflanzen bzw. Winterannuellen, darunter Kornrade (*Agrostemma*) und Goldmohn (*Eschscholzia*), können Sie direkt ins Beet säen. Harken Sie den Boden fein, und ziehen Sie 5 mm tiefe Furchen. Säen Sie die Samen dünn hinein und decken Sie sie leicht ab. Halten Sie sie feucht. Die meisten Samen sind innerhalb eines Monats aufgegangen.

Was immer Sie aus Samen ziehen – das Resultat ist grundsätzlich ein schönes Erfolgserlebnis. Es beschert Ihnen nicht nur neue Pflanzen zum Nulltarif, sondern bindet Sie fest in den Jahreszyklus der Natur ein.

Zwiebelgewächse umpflanzen

Wer einen alten Garten übernommen hat, dürfte darin auch Zwiebelgewächse vorfinden. Manche stammen von den Vorbesitzern, andere wurden als Samen von Ameisen herbeigetragen. Sie lassen sich problemlos vereinzeln oder umpflanzen, doch sollte dies zur rechten Zeit erfolgen. Am verbreitetsten sind Traubenhyazinthen, Narzissen, Tulpen, Hasenglöckchen, Schneeglöckchen und Zierlauch. Da diese zu unterschiedlichen Zeiten blühen, sollten sie auch zu unterschiedlichen Zeiten geteilt und umgepflanzt werden. Zwiebeln wie Traubenhyazinthen und Schneeglöckchen werden traditionell „im Laub" verpflanzt – kurz nach der Blüte, wenn sie noch nicht eingezogen haben. Nehmen Sie sie mit der Pflanzkelle auf und setzen Sie sie sogleich um, sei es an einen neuen Ort im Garten oder aber an den Rand des bereits vorhandenen Flecks, um diesen zu erweitern. Neuerdings hört man auch, beide Zwiebelblüher könnten umgesetzt werden, wenn das Laub eingezogen ist, etwa in der Sommermitte.

Narzissen sind so hart im Nehmen, dass ich behaupten möchte, man kann sie zu beliebiger Zeit verpflanzen; wollen Sie jedoch auf Nummer sicher gehen, markieren Sie den Standort im Frühjahr mit einem Stöckchen, um den Umzug im Spätsommer vorzunehmen. Tulpen sind eine andere Angelegenheit. Viele sind so kurzlebig, dass ein Umpflanzen nicht lohnt. Finden Sie jedoch Darwinhybriden mit den typisch eirunden Blüten vor, die schöne 'Queen of Night', Wildtulpen oder alte rote oder gelbe Sorten, kann es einen Versuch wert sein. Warten Sie, bis das Laub nach der Blüte zu welken beginnt, und setzen Sie sie dann mitsamt der anhaftenden Erde an den neuen Platz.

Hasenglöckchen kann rein gar nichts aus der Fassung bringen – ich habe sie sogar schon in voller Blüte verpflanzt, ohne dass sie sich etwas anmerken ließen. Besser ist es jedoch auch hier, auf das Vergilben des Laubs zu warten. Sammeln Sie bei dieser Gelegenheit gleich die Samen, um sie zu verstreuen!

Alle genannten Zwiebelblüher schätzen nach dem Umpflanzen ein wenig oberflächlich ausgebrachten kaliumbetonten Dünger, der sie bei der Wurzelbildung unterstützt.

Zugewucherte Teiche wiederherstellen

Ein Teich verselbstständigt sich dank der raschwüchsigen Wasserpflanzen oft viel schneller als der übrige Garten. Ohne menschliches Eingreifen können ihn Binsen, Unterwasser- und Flachwasserpflanzen sowie Seerosen so sehr zuwuchern, dass er nicht mehr als Wasserfläche zu erkennen ist. Einen solchen Pfuhl wieder auf Vordermann zu bringen, ist ein zwar nasses und glitschiges, aber dennoch großes Vergnügen.

Der Frühherbst ist die beste Zeit, um sich über einen zugewucherten Gartenteich herzumachen, denn zu diesem Zeitpunkt stören Sie die wenigsten Tiere. Entnehmen Sie zunächst sämtliche Algenmatten sowie die wuchernden Unterwasser- und Schwimmpflanzen. Lassen Sie diese und alles andere, was Sie bei der Gelegenheit aus dem Teich holen, wenigstens einen Tag lang am Ufer liegen, damit sämtliches darinsitzendes Teichleben ins Wasser zurückkrabbeln kann. Als nächstes sind die Flachwasserpflanzen der oberen Pflanzebene an der Reihe. Irgendwo in dem Wurzelgewirr müsste sich für jede Pflanze ein Gitterkorb finden, mit dem sie in den Teich gesetzt wurde, bevor sie sich davongemacht hat. Legen Sie diese Körbe für den späteren Gebrauch zur Seite. Die meisten Flachwasserpflanzen sind hart im Nehmen – es macht ihnen nichts aus, wenn Sie ihre Wurzelmasse mit dem Küchenmesser auf die Hälfte oder ein Viertel reduzieren. Setzen Sie die Pflanzenteile, die wieder in den Teich sollen, mit Teicherde in die Gitterkörbe.

Nach den Unterwasser-, Schwimmblatt- und Flachwasserpflanzen kommen Tiefwasserpflanzen wie die Seerosen an die Reihe. Das kann ein wenig Mühe machen. Haben Sie sie aufs Trockene befördert, wählen Sie mehrere kräftige, frische Rhizome aus, reduzieren diese auf 30 cm Länge und pflanzen auch sie in Gitterkörbe, um sie später in den Teich einzusetzen. Die neu getopften Pflanzen treiben noch vor dem Winter neue Wurzeln.

Mangelnde Pflege führt häufig zu zu viel Stickstoff im Teich, das massives Algenwachstum und Unmengen von Entengrütze zur Folge haben kann.

Sollten Sie im Laufe dieser Arbeiten feststellen, dass der Teich massiv verschlammt ist, mieten Sie einen Teichschlammsauger und saugen Sie den Schlamm ab. Das organische Material, das sich im Sieb des Saugers sammelt, können Sie auf den Kompost geben. Auf den Kompost kommen auch alle nicht wieder verwendeten Pflanzen. Nach dieser Aufräumaktion, und erst recht, falls Sie Wasser – bitte immer Regenwasser! – auffüllen müssen, nicht wundern: Das Teichwasser wirkt womöglich einige Tage lang trüb, bis sich alle Schwebstoffe abgesetzt haben.

Algenwuchs minimieren

Sie können effektive Mikroorganismen zufügen, die für Fische und Pflanzen unschädlich sind und das natürliche Gleichgewicht im Teich unterstützen.

Neue Schichten einweben

Das Grundgerüst des überholten Gartens, bestehend aus verjüngten Sträuchern und Bäumen, aufgefrischten Rabatten und Rasenflächen, ist der perfekte Rahmen, um das grüne Reich nun lagenweise mit neuen Pflanzen herauszuputzen. Über- und Unterpflanzungen sorgen nicht nur für ein gelungenes Neben- und Miteinander alter und neuer Gartenaspekte, sondern haben schöne Nebeneffekte: Sie können einem Gehölz zu einer zweiten Blüte verhelfen, die Blühsaison eines ganzen Gartenabschnitts intensivieren oder bis weit in die nächste Jahreszeit verlängern. Ein Frühlingsbeet, durch Sommer- und Herbstblüher ergänzt, bleibt länger interessant. Die Farbwirkung vorhandener Blüten- und Blattschmuckpflanzen erhält durch kontrastierende oder verwandte Farben völlig neue Aspekte.

Pflanzpartner für Bäume und Sträucher

Einige ausgewählte Kletter- und Schlingpflanzen sind dazu geeignet, in und über etablierte Gehölze zu kraxeln. Fast allen sind rascher Zuwachs, zart schlingende Triebe, lichtes Laub sowie die Blütenbildung an diesjährigen Trieben gemein.

Die Mehrzahl dieser Kletterer hat es schwer, Fuß zu fassen, wenn sie als Jungpflanzen an den schattigen Fuß eines etablierten Baums oder Strauchs gesetzt werden. Hier gilt vor allem im ersten Jahr: „Je größer, desto besser." Egal, ob es sich um kletternde Stauden oder Einjährige oder aber um schlingende Gehölze handelt – ziehen Sie sie zunächst im Topf bis zu einer ordentlichen Größe heran. Ich empfehle eine Anfangshöhe von 1 m; binden Sie die Triebe vorsichtig an der „Wirtspflanze" an, bis die Kletterpflanze selbst Halt findet und über und durch ihren Gastgeber rankt. All diese Pflanzen werden Ihnen einen kühlen Fuß in dem vom Gehölz beschatteten Wurzelbereich danken, solange ihr Kopf von Anfang an die Sonne genießt.

Zarte Kletterpflanzen wie Kapuzinerkresse (hier die unbekannte, in Weinbaulagen manchmal sogar über den Winter kommende *Tropaeolum ciliatum*) und Wicken dürfen gerne durch andere Pflanzen ranken.

Die meisten im Handel angebotenen Kletterpflanzen sind schon 80–100 cm hoch gestabt; kümmern müssen Sie sich also vor allem um einjährig gezogene Kletterer, die Sie bis zur entscheidenden Mindesthöhe im Topf verwöhnen. Bei diesen schwöre ich persönlich auf Glockenrebe (*Cobaea scandens*), Schwarzäugige Susanne (*Thunbergia alata*) und Sternwinde (*Ipomoea lobata*). Alle drei erreichen innerhalb einer Saison wenigstens 1,50 m Höhe, und obgleich sie recht dicht belaubt sind, verschatten sie ihren Gastgeber nicht übermäßig. Die Glockenrebe schmückt sich mit Blüten, deren Form den Trivialnamen sofort erklärt; die Schwarzäugige Susanne schafft es, in einer einzigen Saison eine Unzahl an Trieben in die Höhe zu schicken, die dicht an dicht mit hellorangefarbenen Blüten mit schwarzem Auge besetzt sind. Besonders raffiniert wirkt sie in Kombination mit der Ölweide *Elaeagnus* 'Quicksilver' oder grün-golden panaschierten Gehölzen. Die Sternwinde ist ein Schlinger, dessen ungewöhnliche Blüten die ganze Farbskala von Sahneweiß über Gelb und Orange bis Rot abdecken. Sie setzt sich gegen jedes Laub hervorragend ab und blüht von Juni bis Oktober. Eine andere üppige Kletterpflanze, die auf diese Weise verwendet werden kann, ist die Kapuzinerkresse (*Tropaeolum majus*) mit ihren fröhlich-feurigen Blüten: Achten Sie auf rankende Sorten.

Dauerhaftere Pflanzpartner sind verschiedene Ramblerrosen und Waldreben (*Clematis*). Raumgreifende Rambler wie die weiße Rose 'Wedding Day' oder die leuchtend rote 'Rambling Rosie' sollten Sie grundsätzlich an einen großen Baum setzen; diesen erklimmen sie mit Leichtigkeit, um ihn mit Blüten zu überschütten. Fast am schönsten sind diese Rosen in Kombination mit immergrünen Gehölzen wie Kiefern. Von den *Clematis* sind diejenigen der Schnittgruppe 3 am besten als Pflanzpartner

Kletterpartner

Bei Platzmangel kombinieren Sie für eine gesteigerte Wirkung zwei Klettermaxe miteinander: Verpartnern Sie etwa Kletterrose und *Clematis* oder zwei Einjährige wie Schwarzäugige Susanne und Glockenwinde.

Gegenüberliegende Seite: Kletternde Herzblume (*Dicentra scandens*) an Johanniskraut (*Hypericum*). Diese Seite: 1. Kapuzinerkresse (*Tropaeolum ciliatum*) an Salbei (*Salvia*). 2. Nachtschatten (*Solanum*) an Akazie (*Acacia*). 3. Prunkwinde (*Ipomoea*) an Kardy (*Cynara*).

für Gehölze geeignet. Sie werden jedes Frühjahr auf 20 cm zurückgenommen, sodass der Gastgeber nicht die Triebe etlicher Jahre zu tragen hat. Zu meinen Lieblingssorten zählen *Clematis viticella* 'Polish Spirit', die rosarote *C. texensis* 'Princess Diana' und die gefüllt blühende, burgunderfarbene *C. viticella* 'Purpurea Plena Elegans'. Sowohl bei den Ramblerrosen als auch bei den *Clematis* stehen Ihnen zahllose Sorten zur Wahl, unter denen Sie Farben und Blütenformen ganz nach Ihrem persönlichen Geschmack finden dürften und die zugleich zu den Gehölzen passen, die Sie damit aufpeppen möchten.

Für den Lagen-Look eignen sich nicht nur richtige Kletterer – auch das eine oder andere einjährige Leichtgewicht, das sich nach Art der Spreizklimmer nach oben hangelt, beherrscht diese Kunst. Diese Pflanzen verlassen sich ganz auf ihr Glück. Sie sind weder Kletterpflanze noch Bodendecker; stattdessen lehnen sie sich an alles an, was zufällig dort steht, wo sie keimen.

Sie erreichen keine allzu große Höhe, sondern breiten sich fröhlich über kleine bis mittlere Sträucher und Stauden. Die Kletternde Herzblume *Dicentra scandens* ist ein solches leichtfüßiges Gewächs für geschützte Lagen, dem Sie getrost gestatten dürfen, an früh blühenden Stauden in die Höhe zu kraxeln, um dort später selbst mit Blüten zu prunken. Ein anderer lohnender Vertreter ist der laubschöne Buntblatt-Knöterich *Persicaria microcephala* 'Red Dragon'; er benötigt Winterschutz und bevorzugt geschützte Standorte.

Übrigens, was im Großen geht, klappt auch eine Nummer kleiner: in einem großen Kübel. Der Jasmin-Nachtschatten *Solanum jasminoides* 'Album' ist ein wunderbarer Partner kleiner Bäume. Geradezu ätherisch schaukeln seine Blütenbüschel beispielsweise im bläulichen, gefiederten Laub von Baileys Akazie (*Acacia baileyana*). Sie müssen gemeinschaftlich vor starkem Frost geschützt überwintert werden.

Der perfekte Start für alle Schlinger, Klimmer, Kletterer

Ein schwaches Pflänzchen hat seine liebe Not, sich unter einer größeren Pflanze hervor ans Licht zu kämpfen. Kaufen Sie die Pflanze für Ihren Lagen-Look daher so groß, wie es Ihr Portemonnaie gestattet: 1 m Trieblänge ist Ihr Richtwert. Machen Sie das Pflanzloch so groß, wie Sie können, ohne die Wirtspflanze zu beeinträchtigen – idealerweise seitlich von ihr oder dahinter. Von dort lässt sich der Kletterer problemlos über den Gastgeber dirigieren. Verbessern Sie das Pflanzloch mit reichlich Kompost oder guter Pflanzerde, denn die neue Pflanze steht mit der etablierten in Konkurrenz um Wurzelraum, Nährstoffe und Wasser. Emsiges Gießen ist während des ersten Jahres unerlässlich.

Selbstversamer für gemischte Rabatten

Zu meinen Lieblingspflanzen zählen solche, die ihren eigenen Kopf haben. Damit meine ich nicht Unkraut oder unleidige Beetnachbarn, sondern Pflanzen, die man im Garten an einen bestimmten Platz setzt, um alsbald festzustellen, dass sie ganz andere Vorstellungen von ihrem Lieblingsplatz haben und sich flugs dorthin aufgemacht haben. Sich selbst versamende Ein- und Mehrjährige sowie Zwiebelblüher sind für mich genau die Freigeister, die der gepflegte Garten braucht. Während ein Grundgerüst für den Garten unerlässlich ist, braucht es für das gewisse Etwas ein paar freiheitsliebende Gesellen. Genau hier kommen die Selbstversamer ins Spiel. Keine dieser Pflanzen schlägt sonderlich fest Wurzeln, weshalb es ein Leichtes ist, sie zu entfernen, wo sie zu viel werden. Sobald diese selbstbewussten Pflanzen Ihren Boden mit einem ordentlichen Samenvorrat angereichert haben, lassen sie sich ganz von selbst blicken, wo immer sich ein freies Plätzchen ergibt; so sind sie nicht nur den Wildkräutern schöne Konkurrenz, sondern ziehen sich zugleich als roter Faden durch den Garten und schaffen Zusammenhalt.

Selbstversamer lassen sich in vier Kategorien unterteilen: Ein-, Zwei- und Mehrjährige sowie Zwiebelblumen. Einjährige wachsen, blühen und vergehen innerhalb eines Jahres, Zweijährige benötigen dazu zwei Jahre. Mehrjährige Pflanzen – die Stauden – blühen frühestens zwei Jahre nach dem Aufgehen, um dann jahrelang verlässlich wiederzukehren. Viele Zwiebelblüher benötigen mehr Zeit – bei ihnen dauert es bis zu vier Jahre, bevor sie das erste Mal aus Samen blühen. Die im Folgenden genannten Arten zählen zu den flotteren Exemplaren.

Selbstversamer wie Kerbel, Hasenglöckchen, Zierlauch und *Ranunculus psilostachys* sind hervorragende Lückenfüller für die Rabatte.

Patagonisches Eisenkraut (*Verbena bonariensis*) und Fenchel versamen sich willig.

EINJÄHRIGE SELBSTVERSAMER

Die Eile, die Einjährige an den Tag legen, ist schon beeindruckend. Schnurstracks machen sie sich an die Blüten- und Samenproduktion – und dies oft mit einer Dringlichkeit, die sie innerhalb von sechs Wochen vom Keimling zur Blüte gelangen lässt. Ganz besonders pressiert es der Jungfer im Grünen (*Nigella*) und dem Goldmohn (*Eschscholzia*). Die Jungfer im Grünen, auch Braut in Haaren genannt, blüht oft schon nach acht Wochen. Diese unkomplizierte Einjährige gibt es in Auslesen von Hell- bis Dunkelblau und in mehreren weißen Sorten. Wird sie zeitig genug gesät, produziert sie schon im Frühsommer Samen, mit guter Aussicht auf eine noch im selben Jahr blühende Folgegeneration. Angesichts der laxen Stängel sollte man sie sehr dicht säen oder aber so, dass sie Nachbarn zum Anlehnen findet. Der Goldmohn ist fast genauso fix, auch er kann im selben Jahr eine Folgegeneration hervorbringen. Späte Sämlinge beider Arten können mit Glück überwintern und dann schon zur Frühjahrsmitte mit Blüten bezaubern. Der Goldmohn stammt aus Kalifornien und mag dementsprechend viel Licht und Luft, was ihn für den vorderen Beetbereich prädestiniert. Die orange blühende Wildart in Kombination mit dem Schöterich *Erysimum* 'Bowles' Mauve' ist ein Knaller – allerdings nichts für Feiglinge!

Die Gattung der Springkräuter (*Impatiens*) ist ebenfalls ausgesprochen raschwüchsig, manche Arten erreichen in acht bis zehn Wochen Meterhöhe; jedoch ist *Impatiens* mit Vorsicht zu genießen. Einige aus Gärten verwilderte Arten haben sich in Europa und anderswo zu einer Plage entwickelt, die heimische Wildblumen verdrängt. Problematisch ist derzeit vor allem das Drüsige Springkraut (*Impatiens glandulifera*), auch Indisches Springkraut genannt, das weder gekauft noch gesät oder verschenkt werden sollte. Das hellgelb blühende *Impatiens scabrida* dagegen ist weniger stark darauf fixiert, jeden Quadratzentimeter des Planeten zu erobern.

Jungfer im Grünen und Goldmohn springen verlässlich aus Samen auf.

Zu den unproblematischen Selbstversamern zählen das Gelbe Mönchskraut (*Nonea lutea*), ein kompaktes, im zeitigen Frühjahr zartgelb blühendes Borretschgewächs, und das Schmuckkörbchen (*Cosmos bipinnatus*), ein altbekannter Klassiker mit Blüten in Rosa-Pink-Tönen und Weiß.

Deutlich niedriger bleibt die Ringelblume (*Calendula officinalis*), eine altbekannte Heilpflanze. Die orange bis gelb leuchtenden Blüten setzen so reichlich Samen an, dass schon nach wenigen Jahren zwei Generationen pro Saison zu beobachten sind; ausgewachsene Pflanzen können überwintern und blühen dann schon zeitig im Frühjahr.

Frostverträgliche Einjährige, im Frühjahr für wenig Geld in flache Furchen gesät, erfreuen im Sommer mit ihrem Farbspektakel.

ZWEIJÄHRIGE SELBSTVERSAMER

Zweijährige nehmen sich mehr Zeit für die Entwicklung und sind daher den Einjährigen oft an Größe überlegen. Bei ihnen dreht sich im ersten Jahr alles um Blattwerk und Wurzeln; im zweiten folgt die Blütenschau – und dies oft in beträchtlicher Höhe.

Die bis 2 m hohe Gewöhnliche Eselsdistel (*Onopordum acanthium*) trumpft in silbrigem Weiß auf und zeigt eine Vorliebe für trockene Böden und Pflasterritzen. Ihre elegante Laub- und Stängelfarbe und die malvenrosa Blüten passen fantastisch zu pastelligen Stauden. Die Mariendistel (*Silybum marianum*) wird nur etwa halb so hoch; ihr Alleinstellungsmerkmal ist das faszinierend grün-weiß marmorierte Blatt. Dazu trägt sie Blüten in leuchtendem Pink. Beide Pflanzen stehen am liebsten heiß-sonnig.

Für Schattenplätze empfehlen sich drei unkomplizierte Zweijährige: die Stängelumfassende Gelbdolde (*Smyrnium perfoliatum*), das Einjährige Silberblatt (*Lunaria annua*) – das trotz des Namens zweijährig wächst – sowie der Rote Fingerhut (*Digitalis purpurea*). Die Gelbdolde erinnert mit ihren auffälligen goldgrünen Hochblättern an ein Wolfsmilchgewächs. Im ersten Jahr bleibt das zarte Laub bodennah, während sich alles auf die Ausbildung der Pfahlwurzel konzentriert. Im zweiten Jahr strebt die Pflanze 1–1,20 m in die Höhe. Gelegentlich muss man ein paar ihrer zahlreichen Sämlinge ziehen, doch nur wenige Schattenpflanzen sind so leuchtkräftig. Das Silberblatt trägt weiße oder lila Kreuzblüten; charakteristisch sind die großen, flachen, ovalen, durchscheinenden Samenstände. Diese bleiben oft bis weit in den Winter am Stängel, um nach und nach ihre Samen zu verstreuen. Ungeschlagen im Rosa-Mauve-Spektrum ist der Rote Fingerhut. Er fühlt sich an schattigen bis vollsonnigen Plätzen wohl, und wenn Sie die abgeblühten Stängel noch vor der Samenbildung zurückschneiden, treibt er mit Glück ein zweites Mal durch. Gestatten Sie jedoch ein paar Pflanzen, sich auszusamen, damit sie im Garten erhalten bleiben.

Die Gemeine Eselsdistel ist eine hochdramatische zweijährige Pflanze; im ersten Jahr treibt sie eine stachlig-silbrige Blattrosette, im zweiten einen 2 m hohen verzweigten Blütentrieb.

Auch der Fingerhut, eine sehr unkomplizierte Zweijährige, entwickelt im ersten Jahr eine Blattrosette und erst im zweiten Blütentriebe.

MEHRJÄHRIGE SELBSTVERSAMER

Etwas völlig anderes als die Ein- und Zweijährigen sind versamende Stauden. Haben diese sich erst niedergelassen, verschwinden sie so bald nicht wieder. Damit sie nicht überhandnehmen, muss der stetig wachsende Bestand gelegentlich reduziert werden. Zu meinen Lieblingen zählt der Fenchel (*Foeniculum*) – manche ziehen ihn zweijährig, bei mir wächst er mehrjährig. Sein spinnwebzartes Laub lässt das Licht durch, und die offenen Samendolden schweben luftig über den Beetnachbarn. Ich kenne keine Staude, die sich mit ihm nicht verträgt. Genauso gut verwebt sich das Patagonische Eisenkraut (*Verbena bonariensis*) im Beet. Erstmals fiel es mir vor gut 20 Jahren in einem von Cleve West für die Hampton Court Palace Flower Show gestalteten Garten auf. Damals war es neu, heute ist es überall. Neu aus Samen aufgesprungene Pflanzen erscheinen mir oft gesünder und blühwilliger als ältere Exemplare. Ähnlich hoch reckt sich die Chaix-Königskerze *Verbascum chaixii* 'Album'. Ihre Blütenähren sind teils monatelang mit weißen Blüten mit purpurfarbener Mitte besetzt; sie versamt sich nicht annähernd so stark wie einige ihrer Verwandten.

Erheblich kleiner fallen Spanisches Gänseblümchen (*Erigeron karvinskianus*), Kambrischer Scheinmohn (*Meconopsis cambrica*) und Frauenmantel (*Alchemilla mollis*) aus, die alle unter 40 cm bleiben. Am eifrigsten versamt sich das Spanische Gänseblümchen. Es trägt dünne, mit zartem Laub besetzte Stängel und öffnet seine weißen, rosig abblühenden Korbblüten in nicht enden wollender Folge. Mit Vorliebe lässt es sich in Mauer- und Pflasterritzen und im vorderen Beetbereich nieder. In allen Gärten, die ich je gepflegt habe, habe ich es angesiedelt – es liebt Sonnenplätze, gedeiht aber auch im Halbschatten. Diesen bevorzugt auch der in Wales beheimatete Kambrische Scheinmohn. Vom Frühling über den Sommer bis in den Herbst – ein halbes Jahr oder länger – öffnet er seine roten, gelben oder orangefarbenen Blüten. Zwar verbreitet er sich ganz von allein, dennoch breche ich gern die reifen Samenkapseln ab und schüttele sie im ganzen Garten aus, wie ein verrückter Gartenschamane beim Regentanz.

Fenchel (oben) und Patagonisches Eisenkraut (rechts) sind nur zwei meiner sich selbst versamenden Lieblingsgewächse.

SELBSTVERSAMENDE ZWIEBELBLÜHER

Selbstversamer ansiedeln

Es dauert einige Jahre, bis in Ihrem Boden eine gute Samenbank aufgebaut ist. Der Prozess lässt sich auf zweierlei Weise beschleunigen: Sie bringen im Frühjahr oder Sommer Samen aus, oder Sie setzen blühfertige Pflanzen.

Bei Stauden, Zweijährigen und Zwiebelblühern bevorzuge ich fertige Pflanzen bzw. Zwiebeln. Der Grund ist einfach: Beginnt man hier mit Samen, dauert es wenigstens bis zum Folgejahr, bis die Pflanzen erstmals blühen und Samen ansetzen. Vorgezogene Pflanzen dagegen blühen und versamen sich noch in der laufenden Saison. Da diese Samen erst frühestens im übernächsten Jahr blühende Pflanzen hervorbringen, lohnt es, auch im Folgejahr fertige Pflanzen zu setzen. Der Nachteil liegt in den deutlich höheren Kosten dieser Herangehensweise. Bei Einjährigen ist es wesentlich sinnvoller, mit Samen zu beginnen. Diese Pflanzen wachsen, blühen, fruchten und vergehen innerhalb einer Saison und sichern mit ihren Samen sogleich die Generation des Folgejahres.

Blumenzwiebeln und -knollen pflanze ich selten in Gruppen; stattdessen webe ich sie als roten Faden in die ganze Rabatte ein. Dies hat den schönen Effekt, dass die Samen über eine deutlich größere Fläche verbreitet werden. An oberster Stelle auf meiner Liste stehen die diversen Zierlauch-Arten (*Allium*), bei denen auch das welke Laub just zur Blüte dafür spricht, sie grundsätzlich nur zwischen anderen Stauden zu verwenden. *Allium* 'Purple Sensation' ist der Klassiker, mit sensationellen purpurvioletten Blütenkugeln. Der purpurschwarzrote Blütenstand des Kugel-Lauchs (*A. sphaerocephalon*) ist kleiner und eher eirund. Die Auswahl an *Allium*-Arten und -Sorten ist gewaltig, mit Höhen von 20 cm bis über 1 m und Farben von Purpurviolett über Burgunderrot, Mauve und Rosa bis Weiß. Da auch die Samenstände ausgesprochen attraktiv sind, ergibt sich das Versamen im Beet quasi von selbst.

Unter den kleineren versamenden Zwiebelblühern bevorzuge ich Elfen-Krokus (*Crocus tommasinianus*), Schneeglöckchen (*Galanthus nivalis*), Sternblume (*Ipheion uniflorum*), Vorfrühlings-Alpenveilchen (*Cyclamen coum*) und Armenische Traubenhyazinthe (*Muscari armeniacum*). Den Elfen-Krokus kenne ich als eifrigsten Versamer seiner Gattung. Seine durchscheinenden fliederfarbenen Blüten tauchen alsbald überall am Beetrand und sogar im Rasen auf. Das Schneeglöckchen braucht man wohl niemandem vorzustellen. Es verbreitet sich langsamer als der Krokus und ist in allen Beeten, die im Winter und zeitigen Frühjahr nicht viel zu bieten haben, herzlich willkommen. Die südamerikanische Sternblume ist wenig bekannt. Neben der weiß blühenden Art existieren einige Auslesen mit hellblauen Blütensternen. Am liebsten steht sie vollsonnig, kommt aber auch im lichten Schatten zurecht. Setzen Sie die Zwiebeln zwischen Katzenminze (*Nepeta*) und andere niedrige Stauden im vorderen Beetbereich, wo sie sich allmählich ausbreitet. Im Winter ist sie für einen leichten Schutz dankbar. Dass es sich beim Speicherorgan des Vorfrühlings-Alpenveilchens nicht um eine Zwiebel, sondern um eine Knolle handelt, macht für die Samenvermehrung keinen Unterschied. Setzen Sie es in der gemischten Rabatte unter laubabwerfende Sträucher, wo es im Herbst und Winter von den geänderten Lichtverhältnissen profitiert. Schließlich möchte ich die Armenische Traubenhyazinthe empfehlen, die sich von allen genannten Zwiebelblühern womöglich am fleißigsten versamt. Am besten gedeiht sie in voller Sonne, aber ich habe sie auch eifrig den Boden unter Hecken und lichten Sträuchern erobern sehen. Im Frühling schmückt sie sich mit leuchtend blauen Blütenähren. Hüten Sie sich vor sterilen Sorten wie der Schopfigen Traubenhyazinthe *M. comosum* 'Plumosum', die keine Samen ansetzt.

Pflanzen für blühende Wiesen

Eine Wiese oder eine Gartenecke, in der das Gras aufwachsen darf, kann ausgesprochen pflegeleicht sein. Sofern Ihr Ziel nicht die romantische, in perfektem Gleichgewicht befindliche Wildblumenwiese ist, müssen Sie dazu nur mit dem Rasenmäher einen Bogen um einen Teil Ihres Rasens machen. Zwar gewinnen Gräser rasch über alle regulären Wiesenblumen die Oberhand, wenn der Boden nicht abgemagert wurde, aber Sie können gezielt diverse blühende Pflanzen ansiedeln, die sich auch zwischen den aggressiveren wilden Gräsern behaupten.

Stauden mit schwertförmigem Laub wie Taglilie (*Hemerocallis*), Fackellilie (*Kniphofia*) und Garten-Montbretie (*Crocosmia* × *crocosmiiflora*, in geschützten Lagen) funktionieren gut zwischen Gräsern und bringen zugleich warme Farbtöne ein. Haben sie sich erst etabliert, kommen sie problemlos allein zurecht. Der Punktierte Gilbweiderich (*Lysimachia punctata*) mit seinen leuchtend gelben Blütenrispen darf hier ebenfalls einen Flecken erobern. Eine höhere Ebene ziehen Stauden wie die Bach-Kratzdistel (*Cirsium rivulare*) und der Wiesen-Kerbel (*Anthriscus sylvestris*) ein. Beide stehen zur Blüte etwa 1 m hoch und versamen sich. Zierlicher zeigt sich der himmelblau blühende Wiesen-Storchschnabel (*Geranium pratense*), der sich in hohem Gras pudelwohl fühlt und dort trotz seiner zarten Anmutung hervorragend gedeiht. Hervorragend passen auch Zwiebelblüher wie Narzissen und hoher Zierlauch (*Allium*) ins Gras sowie – auf frisch-feuchtem Boden – Prärielilien (*Camassia*).

Diverse Zwiebelblüher und robuste Stauden fühlen sich in hohem Gras ausgesprochen wohl.

Stauden in hohem Wiesengras ansiedeln

Sollen Stauden in hohem Wiesengras Fuß fassen, sollten Sie sie als gut entwickelte Exemplare und zum richtigen Zeitpunkt pflanzen. Im Spätfrühling gesetzt, müsste sich eine solche Pflanze direkt gegen die raschwüchsigen Gräser behaupten – ein Kampf, den sie leicht verliert. Setzen Sie sie daher lieber im Herbst, um ihr ausreichend Zeit zum Einwurzeln zu geben. Viele Pflanzen fechten im Erdreich mit Wurzelausscheidungen einen heimlichen Kampf gegen Konkurrenten aus; die Herbstpflanzung gibt Ihren Stauden den nötigen Vorsprung. Auch die Größe macht einen Unterschied: Je größer, desto besser. Ich selbst nehme wann immer möglich Pflanzen mit gut durchwurzeltem Ballen im 3-Liter-Topf (oder größer). Mischen Sie Kompost ins Pflanzloch, gießen Sie im ersten Standjahr gewissenhaft, und im Nu hat sich Ihre alternative Wiese etabliert.

Trickreiche Farbkombinationen

Bei einer Gartenrenovierung geht es nicht nur um gründliches Aufräumen, sondern auch darum, alles Beibehaltene schön herauszuputzen. Oft lässt sich die Laub- und Farbwirkung der beibehaltenen Gewächse durch ergänzende Pflanzungen auf eine ganz andere Ebene heben. Sobald Sie dem Vorhandenen, ob Laub oder Blüten, die richtigen Farben zur Seite stellen, beginnt beides – Alt wie Neu – auf eine Weise zu strahlen, die Ihren Garten in ein völlig neues Licht taucht.

Es gibt diverse Theorien zu Farbkombinationen und -beziehungen und dazu, wie sich eine Farbe auf ihre Nachbarn auswirkt. Um zu verstehen, in welcher Beziehung Farben zueinander stehen und wie sie sich gegenseitig beeinflussen, ist ein Farbkreis ausgesprochen hilfreich; zugleich lässt sich an diesem ablesen, welche Farben sich zu welchem Effekt miteinander kombinieren lassen.

In den drei Fotozeilen auf der gegenüberliegenden Seite sehen Sie, wie ein und dieselbe Blüte, dreimal anders kombiniert, aufgrund der unterschiedlichen Nachbarfarben jedes Mal vollkommen anders wirkt. Jede ergänzte Farbe unterstreicht einen anderen Farbanteil der Blüte, lässt sie heller oder dunkler erscheinen. Am lebendigsten wirkt jeweils die Kombination mit der Komplementärfarbe, also der Farbe, die ihr im Farbkreis gegenüberliegt.

Pflanzen können sich durch ihre Farben gegenseitig massiv in der Wirkung beeinflussen, sodass wir Farbton, Farbintensität und Leuchtkraft in jeder Kombination anders wahrnehmen.

Die im Farbkreis einander gegenüberliegenden Komplementärfarben verstärken sich in der Leuchtkraft gegenseitig.

Verwandte Farben, wie diese klassische warme Palette, vertragen sich grundsätzlich hervorragend.

Das Foto oben links verdeutlicht, welch dramatische Wirkung die Gegenüberstellung von Komplementärfarben hat. Dieses Wahrnehmungsphänomen wird auch als Komplementärkontrast bezeichnet. Das Nebeneinander von Blau und Orange, Gelb und Violett, Rot und Grün lässt beide Farben intensiver strahlen. Sollten Sie eine gedämpftere Wirkung anstreben, kombinieren Sie stattdessen verwandte Laub- oder Blütenfarben, die sich lediglich in ihrer Schattierung und Farbintensität unterscheiden. Das auf der gegenüberliegenden Seite abgebildete Blauspektrum macht deutlich, wie entspannt solche Ton-in-Ton-Verbindungen miteinander auskommen, ohne dass ein einzelner Farbton dominiert. Zwar wird dadurch keine Farbe zu maximaler Strahlkraft angeregt, aber es entsteht ein ausgesprochen harmonisches Bild. Auch ein Miteinander von Farben, die auf dem Farbkreis benachbart sind, wirkt sehr locker. Einen solchen Farbverlauf verwandter Farben – in diesem Fall Rot, Orange und Gelb – sehen Sie auf dem Foto oben rechts.

Natürlich handelt es sich bei all diesen Farbkombinationen lediglich um Vorschläge – einfache Beispiele für mögliche Farbharmonien oder -kontraste unter Einbeziehung bereits vorhandener Pflanzen. Ein weiteres Beispiel wäre die Ergänzung einer burgunderroten Laubschmuckpflanze zu gelbgrünen Blüten oder Blättern. Als Variante von Rot stellt das Burgunderrot des Laubs den perfekten Kontrast zum komplementären Gelbgrün dar. Silbriges Laub wiederum eröffnet eine Vielfalt an Möglichkeiten, denn als neutraler Farbton bringt es fast alle Farben zum Leuchten. Blau und Violett werden dadurch intensiviert und lassen das Silber zugleich noch heller erscheinen; warme Farben wie Orange, Gelb und Rot haben darauf denselben Effekt. Goldenes Laub wird durch violette und purpurfarbene Blüten und Stängel mächtig aufgepeppt; zugleich intensiviert es die Kontrastfarbe – umwerfend zum Beispiel die Blüten der *Clematis* 'Étoile Violette' vor dem goldenen Laub des Pfeifenstrauchs *Philadelphus* 'Aureus'. Dunkelgrünes Blattwerk allein kann sehr düster anmuten, doch ein Blick auf den Farbkreis identifiziert Rot als Komplementärfarbe. Bringen Sie dieses in Gestalt von Laub, Blüten, Beeren oder Zweigen ein, und beide Farben haben gewonnen.

Klassische Partnerstauden

Es gibt Hunderte einziehende Stauden, die Sie in Folgepflanzungen miteinander kombinieren können. Die meisten brauchen Sie nur an denselben Platz zu setzen; sie wachsen und blühen entweder vor oder nach der Hauptpflanze. Eines meiner liebsten Beispiele ist das Nacheinander von Neapolitanischem Alpenveilchen (*Cyclamen hederifolium*) und Maiglöckchen (*Convallaria majalis*). Während das Maiglöckchen im Herbst den Platz freigibt, treibt das Alpenveilchen aus und übernimmt das Zepter für die übrigen Monate mit Blüten und attraktivem Laub.

Maiglöckchen und Alpenveilchen teilen sich ohne Probleme einen Standort.

Mit Pflanzen aufpeppen

Nahezu jede Gartenrenovierung ist für schöne Überraschungen gut. Schon während der Aufräum- und Verjüngungsaktionen erhält man einen ersten Einblick in die Kleinklimate und besonderen Pflanzsituationen des Gartens. Diese speziellen Bedingungen sind wie gemacht für Pflanzen, die von Natur aus an vergleichbare Situationen angepasst sind oder vom Menschen speziell dafür gezüchtet wurden. Vom neu geschaffenen Pflanzplatz zu Füßen eines lichten Strauchs bis zur sonnigen Südwand, die dringend nach ein paar Blüten verlangt – für jeden Standort gibt es die passende Pflanze. Sie putzen nicht nur das schon vorhandene Grundgerüst optimal heraus, sondern schenken zugleich ein Farben-, Formen- und Texturenspiel.

Rosenbegleiter

Kaum ein Garten ohne Rosen – wie aber kommt es, dass so viele Gärtner glauben, diese müssten mutterseelenallein dastehen, allerhöchstens in Gesellschaft anderer Rosen? Vielleicht liegt es daran, dass sie in unseren öffentlichen Parks meist so gezeigt werden. Im Privatgarten aber besteht dazu keinerlei Veranlassung. Zwar zieht eine voll erblühte Rose alle Blicke auf sich, doch selbst die beste remontierende Sorte legt immer wieder Blühpausen ein. Genau darum gebe ich diesen Ziersträuchern gern etwas Hübsches um die Füße. Durchweg wähle ich dafür Stauden, die eine Mulchschicht vertragen, wenn die Rose ihre Frühlingsportion kompostierten Stallmist bekommt, oder Einjährige, die ich direkt in Lücken säe, die ich in den Naturdünger kratze. Alle Pflanzen, die ich dafür verwende und hier vorstelle, wachsen luftig und so niedrig, dass sie der Rose nicht in die Quere kommen. Mit ihren meist zarten Blütenfarben ordnen sie sich fast allen Rosen problemlos unter.

Auch der Elfen-Krokus (*Crocus tommasinianus*) versamt sich reich. Er ist der zeitigste Krokus überhaupt, seine hell fliederfarbenen Blüten erscheinen im Spätwinter oft noch vor dem Laub und sind ein willkommenes Signal, dass der Winter bald vorbei ist. Wenn im Spätfrühling die Zeit für die Kompostgaben gekommen ist, hat der Krokus sich praktisch schon wieder in den Boden verzogen, wo er bis zum nächsten Jahr ruhen wird.

Diverse Ein- und Zweijährige machen sich gut unter Rosen; die drei, die ich hier empfehle, versamen sich außerdem: Haben sie erst bei Ihnen Einzug gehalten, kehren sie immer wieder zurück. Ich spreche von Jungfer im Grünen (*Nigella damascena*), Schopf-Salbei (*Salvia viridis*) und Wald-Vergissmeinnicht (*Myosotis sylvatica*). Jungfer im Grünen besticht durch fein ziseliertes Laub und kornblumenblaue Blüten, gefolgt von einer hübschen Kapselfrucht. Die Blüten des Schopf-Salbeis muss man dagegen fast suchen; stattdessen beeindruckt er mit violetten oder rosafarbenen Hochblättern, die bei flüchtigem Hinschauen leicht für Blütenblätter gehalten werden. An diesem absolut unkomplizierten Salbei gefällt mir besonders, dass er die Farbe bis zu sechs Monate hält und nur höchst selten von Schädlingen oder Krankheiten betroffen ist. Das Wald-Vergissmeinnicht ist der dritte dieser Selbstversamer. Haben Sie diesem erst den Platz unter Ihren Rosen schmackhaft gemacht, wird es sich dort eifrig aussamen und Jahr für Jahr wiederkehren. Die winzigen Blüten in zauberhaftem Himmelblau scheinen geradezu zwischen den zarten Stängeln zu schweben. Lassen Sie es jedoch nicht zu trocken stehen, sonst wird es anfällig für Echten Mehltau.

Von links nach rechts: Horn-Veilchen, Gelbe Katzenminze und Schopf-Salbei sind so zart und zugleich so widerstandsfähig, dass sie sich als Rosenbegleiter eignen.

Bodendeckende Storchschnabel-Arten, die sich ebenso reichblütig wie winterhart zeigen, halten rund um robuste Rosen das Unkraut in Schach.

Auch Akelei (*Aquilegia*) und etliche niedrige Storchschnäbel (*Geranium*) gedeihen zu Füßen von Rosen, ebenso wie der Klassiker, der gelbgrün blühende Weiche Frauenmantel (*Alchemilla mollis*). Besonders zart und duftig wirkt die ungewöhnliche Gelbe Katzenminze (*Nepeta govaniana*). Mit 90 cm steht sie deutlich höher als die meisten anderen hier empfohlenen Pflanzen, doch im oberen Teil ist sie ausgesprochen luftig, mit nur wenigen hellgelben Blüten. Am schönsten wirkt sie zu Rosenblüten in hellen bis mittleren Rosatönen. Wenn Sie eher einen Bodendecker suchen, sind weiße oder blaue Horn-Veilchen (*Viola cornuta*) eine Option. Sie fühlen sich im zarten Schattenwurf unter Rosen besonders wohl und bilden dort grüne Laubkissen, über denen dicht an dicht ihre eleganten Veilchenblüten stehen.

Die Laubwirkung der Staudenunterpflanzung ist nicht weniger ernst zu nehmen als die der Blüten. Zwei silberlaubige Stauden tun sich in dieser Beziehung besonders hervor: die Vexiernelke (*Silene coronaria*) und die Sorte 'Silver Dust' des Silber-Greiskrauts (*Senecio cineraria*). Sie zeichnen sich durch weißsilbriges Laub aus, das Licht bis zur Strauchbasis lenkt und jede erdenkliche Blütenfarbe wunderschön herausstellt. Beim Greiskraut treten die Blüten gegenüber dem Blattschmuck völlig in den Hintergrund; die Vexiernelke hingegen bezaubert mit magentafarbenen Blüten auf schlanken Stängeln.

Pflanzen zu Füßen lichter, laubabwerfender Sträucher

Eine der wichtigsten Aufräumaktionen im verwilderten Garten bestand im Anheben der Kronen der hohen, alten Sträucher. Sind die Gehölze erst von ihren untersten Ästen befreit, rücken ihre Stämme in den Blickpunkt. Es entstehen Durchblicke, mehr Licht gelangt zum Boden. Als erstes fügen wir hier Zwiebelblüher ein. Narzissen (*Narcissus*), Traubenhyazinthen (*Muscari*), Schneeglöckchen (*Galanthus*) und Winterlinge (*Eranthis*) gedeihen hervorragend unter Sträuchern, sie breiten sich aus und sorgen im Frühjahr mit minimalem Aufwand für Farbe. Entfernen Sie ihr Laub erst dann, wenn es vollkommen verwelkt ist, damit sie Jahr für Jahr wiederkehren. Etwas ausgefallener ist die giftige Herbst-Zeitlose (*Colchicum autumnale*). Damit weiche ich von meinem üblichen Grundsatz ab, nur Pflanzen mit langer Blütezeit zu empfehlen. Die Herbst-Zeitlose blüht maximal zwei Wochen, dies jedoch zu einem absoluten saisonalen Tiefpunkt, und ihre großen pinkfarbenen Blüten setzen sich fantastisch gegen die Herbstfarben ringsum ab. Der etwa zeitgleich blühende Pracht-Herbst-Krokus (*Crocus speciosus*) verwildert wunderbar im lichten Schatten (ein herrliches Beispiel dafür ist der Garten von Sissinghurst Castle in Kent, England). Er treibt deutlich geaderte Blüten in leuchtendem Violettblau und setzt damit einen höchst aparten Kontrast zum Herbstlaub.

Attraktive Bodendecker im sonnengefleckten Strauchschatten sind Purpurglöckchen (*Heuchera*), Schaumblüte (*Tiarella*) und ihre Hybride, die Bastardschaumblüte (× *Heucherella*). Alle drei entwickeln einen rundlichen

Der Hundszahn 'Pagoda' hat im Frühjahr im lichten Schatten seinen großen Auftritt.

Funkien (oben links) und Maiapfel 'Spotty Dotty' (oben rechts) sind von Frühjahr bis Herbst wunderschöner Laubschmuck im lichtschattigen Beet.

Horst aus mehr oder weniger handförmigem Laub; im Frühjahr/Sommer stehen darüber winzige Blüten an zarten Trieben. In den USA werden unablässig neue Sorten gezüchtet, mit Blattfarben von Karamell über Burgunderrot und Rot bis hin zu Apricot und Gelbgrün. Achten Sie auf solche, die die Royal Horticultural Society mit dem Award of Garden Merit (AGM) ausgezeichnet hat – diese haben den Praxistest bestanden und verpuffen nicht, wie so viele Neuheiten, gleich nach der ersten Saison.

Auch bei den Funkien (*Hosta*) sind die amerikanischen Züchter mehr als fleißig. Diesen großlaubigen Stauden gefällt es sehr unter Sträuchern; Sie können unter mehr als 500 Sorten wählen, von breit-buntlaubig bis hin zu schmal-aufrecht und grün. Ausgefallenere Laubformen finden sich beim Knöterich *Persicaria virginiana* var. *filiformis* 'Lance Corporal', dem Maiapfel *Podophyllum versipelle* 'Spotty Dotty' und dem Rotschleier-Wurmfarn (*Dryopteris erythrosora*). Jede Pflanze für sich ist ein ebenso ungewöhnlicher wie dezenter Blickfang. Der Knöterich wächst üppig bodendeckend mit attraktivem Laub; jedes Blatt ist mit einem dunklen „V" gezeichnet. Die rosaroten Blüten bleiben darüber beinahe unbemerkt. Ebenso ausgefallen ist der Maiapfel, mit breitem, raffiniert schildförmigem Laub, das dicht mit braunen Tupfen übersät ist – geradezu umwerfend in Kombination mit den kupferfarbenen Wedeln des Rotschleier-Wurmfarns. Diese beiden etwa 40 cm hohen Stauden sind hervorragende Partner. Einen feinen Kontrast liefert das im Halbschatten sehr verlässliche Japangras (*Hakonechloa macra*), das ich in meinem Schaugarten für die Chelsea Flower Show 2016 großzügig einsetzte; der botanische Name war dem Team ein paar Silben zu lang, also haben sie es kurzerhand „Hackmac" getauft. Mit seinem hellen Laub und der Beatles-Frisur bringt es Leichtigkeit in jedes halbschattige Beet.

Nachdem mit den Blattschmuckstauden schöne Texturen eingezogen sind, fehlen noch Blüten für Frühjahr und Sommer. Der Hundszahn *Erythronium* 'Pagoda' erhebt im Frühjahr kleine, glockige Blüten – fast wie offene Lilienblüten – über sein üppiges, glänzend grünes Laub. Dazu verlangt er lediglich nach humosem, halbwegs frischem Boden. Ganz bezaubernd wirkt er im Zusammenspiel mit Vergissmeinnicht. Der recht neue Fingerhut *Digitalis* 'Spice Island' blüht erst im Sommer. Er ist das Resultat einer gezielten Züchtungsarbeit, dank derer er sich deutlich von gewöhnlichen Fingerhut-Arten unterscheidet. Die relativ locker an den 50 cm hohen Blütenstängeln angeordneten Blüten verdanken ihre Schmolllippe der nahen *Digitalis*-Verwandten *Isoplexis canariensis*. Die Farbe lässt sich am ehesten als pfirsichfarben mit einem Hauch Pink beschreiben – eleganter geht es nicht.

Fingerhut 'Spice Island' (oben) und Schaumblüte (unten) erfreuen im lichtschattigen Bereich mit Blüten.

Pflanzen für die Nordwand

Die meisten Nordwände sind mit ihrem feuchten Schatten alles andere als ein Lieblingsort, doch mit ein paar ausgewählten Pflanzen lässt sich dies schnell ändern. Schattenverträgliche Waldreben (*Clematis*) und Rosen sind ein guter Anfang. Viele rote Rosen gedeihen im Halbschatten oder gar Schatten erstaunlich gut, sowohl die Blütenfarbe als auch die Blüten selbst halten dort oft länger als in der Sonne. Der Austin-Rose 'Danse de Feu' beispielsweise ergeht es so: An einer Schattenwand erreicht sie 3 m Höhe und remontiert mehrfach, was gerade in einer Schattensituation wichtig ist. Auch *Rosa* 'Ghislaine de Féligonde' schenkt Farbe über einen langen Zeitraum. Diese alte Sorte übernahm ich einmal mit einem Mauergarten und hielt sie aufgrund ihrer wiederkehrenden Blüte für eine Kletterrose; tatsächlich aber handelt es sich bei ihr um einen remontierenden Rambler – sehr ungewöhnlich für diese Rosengruppe. Die Blüten öffnen sich in hellem Apricot und verblassen zu Schlüsselblumengelb; dazu ist sie praktisch ohne Stacheln. Beeindruckend wirkt sie im Verbund mit der samtig burgunderroten *Clematis* 'Rouge Cardinal', die den ganzen Sommer kontinuierlich blüht – eine echte Powerkombi für feuchtdunkle Ecken. Eine andere Waldrebe, die ich immer wieder gern an einer Schattenwand einsetze, ist die hellblau bis hellfliederfarben blühende 'Prince Charles', die im Schatten wunderbare Strahlkraft entwickelt. Sie gehört der Schnittgruppe 3 an, weshalb man sie im Frühjahr ganz einfach auf 20 cm herunterschneidet.

Gängiger, aber nichtsdestotrotz schön für den Schatten ist das Japanische Geißblatt *Lonicera japonica* 'Mint Crisp'. Seine üppigen, fast immergrünen Blattvorhänge sind ungewöhnlich marmoriert; dazu schmückt es sich von Sommer bis Herbst mit cremefarbenen, betörend duftenden Blüten. An einer schattig-kühlen Wand fühlt es sich naturgegeben wohl, denn es stammt aus dem Wald – genau wie der Laternenbaum (*Crinodendron hookerianum*), der aus Chile nach Europa gelangte und bis heute relativ unbekannt ist. Warum weiß ich nicht. Vielleicht weil er nur bis etwa −10 °C winterhart und somit eher für Innenhöfe geeignet ist? Er ist ein graziler immergrüner Strauch mit schmalem Laub und kirschgroßen roten, laternenartigen Blüten. Pflanzen Sie ihn in 40 cm Abstand zur Wand, denn er braucht feuchten Boden, den er im Regenschatten der Wand nicht findet. Etwas subtiler in der Farbe ist die rechts abgebildete rot blühende Fuchsienblütige Stachelbeere (*Ribes speciosum*). Sie benötigt einen geschützten Stand und Winterschutz. Lassen Sie sie frei vor der Mauer wachsen, oder ziehen Sie sie als Fächerspalier.

Chinesischer Sternjasmin (*Trachelospermum jasminoides*, besser als Kübelpflanze mit frostfreier Überwinterung), *Rosa* 'Ghislaine de Féligonde' und Geißblatt verschönern Schattenwände.

Pflanzen für die Südwand

Eine gen Süden weisende Wand ist ein Geschenk für jeden Garten. Sie gibt Schutz und dient als Wärmespeicher, sodass wir ein etwas erweitertes Artenspektrum in Betracht ziehen können. Pflanzen aus der Mittelmeerregion und gar von der Südhalbkugel fühlen sich in diesem Mikroklima wohl. Manche Sträucher können Sie einfach vor die Wand pflanzen, und sie wachsen von selbst in die Höhe. Die meisten Kletterpflanzen dagegen benötigen eine Kletterhilfe, ob zum Festhalten oder zum Anbinden. Am schnellsten montiert – aber auch schnell verrottet – ist ein Rankgitter aus Holz; ich persönlich bevorzuge Schraubösen und haltbaren Edelstahldraht. Horizontale Drähte, in 30 cm Abstand gespannt, sind für die meisten Kletterpflanzen genau richtig.

Exotisch mutet die Amerikanische Trompetenwinde (*Campsis radicans*) an. Sie bildet zwar selbst Haftwurzeln aus, diese sind aber nicht so kräftig wie beispielsweise die des Efeus, weshalb die Trompetenwinde für eine Rankhilfe dankbar ist. Einmal Fuß gefasst ist sie ziemlich raumgreifend. Die langen Trompetenblüten in leuchtendem Pfirsichorange oder Rot öffnen sich im Sommer über einen langen Zeitraum. Halten Sie sie gut im Zaum, damit sie sich nicht auf und davon macht und ihre Blüten und ihr Grün erst in 5 m Höhe produziert, hoch über den kahlen Beinen. Sie können an der friedfertigen Liane jedes Jahr eine *Clematis* oder Ähnliches emporranken lassen.

Die tropisch anmutende Amerikanische Trompetenwinde ist frostverträglicher, als man meint.

Im Uhrzeigersinn von oben links: Spätblühende *Clematis*, Kakadu-Ruhmesblume und Kurzlebige Samtpappel (*Abutilon vitifolium*) genießen die Wärme einer Sonnenwand. Die beiden Letztgenannten benötigen in unseren Breiten eine frostfreie Überwinterung im Kübel.

Nicht so exotisch, dafür köstlich: Pflanzen Sie eine Aprikose an Ihre Südmauer! Sie profitiert von der Wärme, die die Wand abstrahlt. Binden Sie sie sorgfältig fächerförmig an einem Spalier an, damit alle Früchte Sonne abbekommen. Auch Wein gedeiht hier und liefert Ihnen sonnenverwöhnte Tafeltrauben. Greifen Sie zu mehltauresistenten Sorten. Mediterranes Flair erreichen Sie mit einer Feige am Spalier. Die sogenannte Bayern-Feige 'Violetta' gilt als besonders robust und frosthart bis −20 °C. Ein weiterer Kandidat mit essbaren Früchten ist der Strahlengriffel *Actinidia aguta* 'Issai'. Er wird aus gutem Grund auch Mini-Kiwi oder Chinesische Stachelbeere genannt. Diese Sorte ist selbstfruchtbar (bei anderen Sorten brauchen Sie eine zweite Pflanze als Befruchter) und belohnt mit zahlreichen süßsauren Früchten im Herbst. Eine andere Strahlengriffel-Art wäre ebenfalls eine Überlegung wert: *Actinidia kolomikta*. Sie blüht und fruchtet zwar auch, Highlight ist aber das schöne Laub. Es zeigt sich grün mit weißen und ungewöhnlich rosa Spitzen, die bei männlichen Pflanzen stärker ausgeprägt sind als bei weiblichen. Das wirkt besonders schön an rötlichen Klinkerwänden oder Backsteinmauern.

Im Schutz einer Südmauer gedeiht übrigens auch die Säckelblume (*Ceanothus*) prächtig, denn sie liebt warme und windgeschützte Plätze. Man kann sie frei als Strauch wachsen lassen oder aber als Spalier an einem Gerüst ziehen. Sie blüht in schönsten Blautönen je nach Art und Sorte im Spätfrühling, Sommer oder Frühherbst.

Ich möchte Ihnen noch eine Pflanze vorstellen, die ist so außergewöhnlich, da werden Ihre Nachbarn staunen – und dafür lohnt sich auch die Mühe des Einräumens der Kübel im Herbst, denn die Schönheit ist bei uns leider nicht ausreichend winterhart. Die Rede ist von der Kakadu-Ruhmesblume (*Clianthus puniceus*). Sie stammt aus Neuseeland, doch die roten schnabelförmigen Blüten wecken eher Assoziationen mit dem Amazonas-Urwald, mit Tukanen und Kolibris. Die Blütenbüschel zeigen sich gleichmäßig über die ganze Pflanze verteilt im Frühjahr oder Sommer. Diese Ruhmesblume ist keine Kletterpflanze; horizontale Spanndrähte sind daher eine ideale Hilfe, um ihre Zweige entlang der Mauer auszubreiten.

Topfpflanzen für die Sonnenterrasse

Wenn sich an heißen Frühlings- und Sommertagen der Gießbedarf im Garten verdoppelt, ist man dankbar für jede Pflanze, die ignoriert werden darf. Topfpflanzen aus den regenarmen Gebieten der Welt genießen diese Hitze und sind heilfroh, wenn Sie sie links liegen lassen. Meist handelt es sich dabei um Sukkulenten, die in ihren Blättern einen Wasservorrat speichern, der sie über Wochen oder Monate versorgt. Die genügsamen Mauerpfeffer- und Hauswurz-Arten (*Sedum* bzw. *Sempervivum*), die in ihren Töpfen die Sonne genießen, können sogar das ganze Jahr im Freien bleiben, sofern sie im Winter vor übermäßiger Feuchtigkeit geschützt sind. Etwas ausgefallener sind Echeverien. Diese rosettigen, silbrig grünen Sukkulenten stammen aus Mexiko, was auch erklärt, warum sie zwar heftigen Wind und pralle Sonne vertragen, jedoch nicht den geringsten Frost.

Eine weitere Mexikanerin ist die gewaltige *Agave lurida* 'Variegata'. Diese Monsterpflanze beeindruckt mit dramatischer Statur und riesigen, mit Zähnen bewehrten und in einen Dorn auslaufenden Blättern. Ich kürze diesen Enddorn grundsätzlich um 3–4 mm – das fällt nicht auf, verhindert aber, dass sich jemand im Vorbeigehen verletzt. Auch bin ich sehr vorsichtig, wenn ich die Pflanze im Container umräume. So fest ihre Blätter auch sind – nur zu leicht bekommen sie einen Knick, einen Riss oder einen Abdruck. Da die Blätter meist fünf Jahre oder länger an der Pflanze verbleiben, lohnt es, hier etwas achtzugeben.

Zwei zartere Sukkulenten und zugleich perfekte Topfgesellen sind die Mittagsblumen *Delosperma cooperi* und *Lampranthus brownii*. Die beiden Bodendecker stammen aus Südafrika und schmücken die Terrasse den ganzen Sommer mit neonfarbenen Margeritenblüten, die sich nur bei Sonne öffnen. Der dicht an dicht mit schillernden orangeroten Blüten bedeckte *Lampranthus* ist mit 30 cm Breite und Höhe der kleinere der beiden. *Delosperma* mit neonpinken Blüten erreicht bei gleicher Höhe einen Durchmesser von 50 cm und mehr. Beide Pflanzen sind frostempfindlich, sollten also beizeiten in eine frostfreie Veranda oder auf eine Fensterbank im Haus umziehen.

Von oben nach unten: Wandelröschen und die Mittagsblumen *Delosperma* und *Lampranthus* lieben die trockene Hitze auf der Sonnenterrasse.

Völlig anders, nämlich mit breitem, silbrigem, grasartigem Laub, kommt die *Astelia* daher. Diese Pflanzengattung stammt aus Neuseeland und gilt eigentlich nicht als trockenheitsverträglich. Zu meiner Schande muss ich gestehen, dass ich selbst das Gegenteil feststellen konnte. Vor Jahren habe ich einmal ein getopftes Exemplar einen ganzen Sommer lang vergessen. Als ich endlich gegen Ende der Saison wieder an die Pflanze dachte, ging es ihr noch immer genauso gut wie im Frühjahr. Mit dem schimmernden Laub und dem büscheligen Wuchs setzt sie einen schönen Kontrast zu den Blattformen der Sukkulenten.

Dass sich Pelargonien – also das, was landläufig als „Geranie" verkauft wird – im Topf auf der sonnenheißen Terrasse wohlfühlen, ist klar. Ihre Blütenpracht in Weiß, Rot, Rosa und Pink bringt Farbe in die Laubschmucksammlung. Zwei weitere Pflanzen, für die sich Platz zu machen lohnt, sind der Australische Rosmarin (*Westringia fruticosa*) und das Wandelröschen (*Lantana camara*). Ersteren kennen wir in Europa erst seit relativ kurzer Zeit. Die Pflanze mit dem schmalen silbrig grünen Laub und den kleinen weißen Lippenblüten stammt von der australischen Ostküste und kann wie Buchs geschnitten werden. Schick wirkt sie zu etwa 40 x 60 cm großen Kissen gestutzt. Das Wandelröschen kommt mit seinem sparrigen Wuchs deutlich lockerer daher. Es begeistert mit einer für Blütengäste unwiderstehlichen ununterbrochenen Blütenflut in einem Farbenspiel von Orangerot bis Gelb.

All diese Topfpflanzen fühlen sich in einer Mischung aus sieben Teilen Kübelpflanzenerde und drei Teilen Perlit zur Dränageverbesserung wohl. Geben Sie ihnen im Lauf der Saison einige wenige Male doppelt verdünnten Flüssigdünger; Pelargonien und Wandelröschen etwas mehr.

Pflanzen am Fuße von Hecken

Der schmale Erdstreifen am Fuße einer Hecke ist ein Standort mit Herausforderungen. Je nach Ausrichtung kann er ganztägig in voller Sonne oder in vollem Schatten liegen; hinzu kommt die mächtige Hecke, die sich darüberneigt und Nährstoffe und Wasser aus dem Boden saugt. Längst nicht jede Pflanze toleriert derartige Bedingungen, und doch gibt es Stauden, die sich dadurch erst zur Höchstleistung gefordert sehen. Laubabwerfende Hecken bieten mehr Möglichkeiten als immergrüne, denn Sie können sie mit Frühjahrsblühern wie Schneeglöckchen, kleinen Narzissen, Traubenhyazinthen und Hasenglöckchen unterpflanzen, die alle treiben, blühen und einziehen, bevor die Hecke in vollem Laub steht. Diese Möglichkeit bietet sich unter immergrünen Hecken nicht – was man dorthin pflanzt, muss kämpfen können!

Bei gut vorbereitetem Boden und Wassergaben gedeihen Funkien wunderbar am schattigen Heckenfuß.

FÜR ABSONNIGE BEREICHE

Die Nordseite einer Hecke stellt die größte Herausforderung dar, denn hier ist der Boden trocken, nährstoffarm und schattig. Für Wasser gibt es den Tropfschlauch, für Nährstoffe Mulch, aber gegen den Schatten hilft nichts. Viele Funkien (*Hosta*) schlagen sich hier erstaunlich gut; zugleich bildet eine gut geschnittene Hecke den perfekten Hintergrund für ihre klare Laubstruktur und die weißen oder malvenblauen sommerlichen Blütenrispen. Sind sie erst gut eingewachsen, kommen viele Funkien auch mit recht trockenem Boden klar.

Die meisten Stauden für den absonnigen Heckenfuß stammen aus dem Wald, so auch die Nördliche Dreiblattspiere (*Gillenia trifoliata*). Ihre zarten weißen Blütensterne im Sommer werden durch den rosig-braunen Kelch hervorragend in Szene gesetzt; das schlanke knittrige Blatt ist von einem helleren Grün als das vieler anderer Waldpflanzen. Ebenfalls ein Waldgeschöpf ist die Türkenbund-Lilie (*Lilium martagon*). Sie blüht pink mit braunen Punkten; nur wenig grundständiges Laub umgibt ihren einzelnen Blütenstängel, weshalb sie am schönsten im Verbund mit anderen Waldpflanzen wie der Falschen Alraunenwurzel (*Tellima grandiflora*) wirkt.

Zwei Stauden, die besonders gut unter winterkahlen Hecken gedeihen, sind Kaukasus-Gedenkemein (*Omphalodes cappadocica*) und Neapolitanisches Alpenveilchen (*Cyclamen hederifolium*). Beide sind dann am aktivsten, wenn die Hecke unbelaubt in trister Umgebung steht, und beide bezaubern mit farbkräftigen Blüten. Das Gedenkemein ist zwar nur 25 cm hoch, dafür leuchtet es umso intensiver mit blauen Blüten vom ausgehenden Winter bis in den Frühling. Was den Boden betrifft, ist es recht anspruchslos und somit ideal für den Heckenfuß. Das Alpenveilchen entzündet sein Leuchtfeuer bereits im Herbst. Aus kahlem Boden treibt es rosa Blüten; nach vier Wochen folgt das beeindruckend marmorierte Laub, das fast ebenso dekorativ ist.

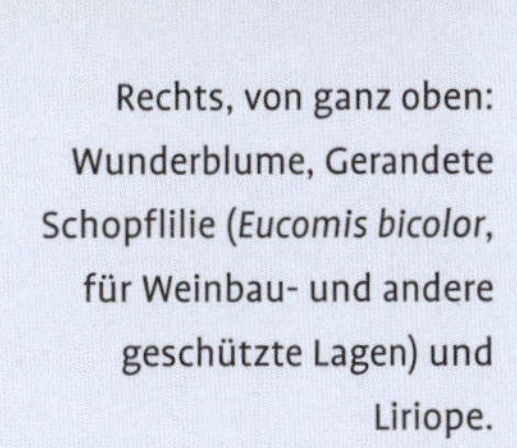

Links, von oben: Kaukasus-Gedenkemein, Nördliche Dreiblattspiere und Alpenveilchen lassen den Heckenfuß aufleben.

Rechts, von ganz oben: Wunderblume, Gerandete Schopflilie (*Eucomis bicolor*, für Weinbau- und andere geschützte Lagen) und Liriope.

HECKENBEGLEITER IN DER SONNE

Die Sonnenseite einer Hecke stellt zwar ein paar gärtnerische Anforderungen, doch es gibt einige Pflanzen, die diese Sonnenfalle tolerieren. Mit der Dalmatiner Glockenblume (*Campanula portenschlagiana*) erleben Sie Ihr blaues Blütenwunder im Juni und Juli, vorausgesetzt es ist nicht allzu trocken. Gut passt auch die Rosen-Verbene (*Verbena canadensis*). Die behaarten Stängel und Blätter werden 30–40 cm hoch und schmücken sich von Juli bis Oktober mit Blüten in Violettrosa. Während des Winters sollten Sie sie mit einer lockeren Lage Laub schützen. Eine weitere Pflanze meiner Liste geeigneter Heckenpartner ist die Horstbildende Liriope (*Liriope muscari*). Sie sieht aus wie ein Gras, gehört jedoch zu den Liliengewächsen und schmückt sich vom Sommer bis in den Herbst mit violetten Blütenähren. Mit ihrem dichten, akkuraten Wuchs eignet sie sich ebenso für eine formale Reihenpflanzung wie zum Kombinieren mit anderen Gehölzrandstauden.

Ein Experiment ist die Wunderblume (*Mirabilis jalapa*), ein Exot aus Peru. Inspiriert hat mich eine Eibenhecke im Londoner Stadtteil Chelsea: Unter und neben dieser brennt jeden Sommer ein Wunderblumen-Feuerwerk in Rot, Gelb und Pink ab und duftet zur Abenddämmerung betörend. Diesem Bild können Sie für eine Saison nacheifern; das Problem hierzulande ist natürlich die fehlende Winterhärte. Da die Knollen aber Schnellstarter sind, können Sie sie nach den Eisheiligen einpflanzen und von Juli bis zum Frost wundersame Blüten bestaunen: An einer einzigen Pflanze treten verschiedene Blütenfarben auf!

Immergrüne Beetpartner

In vielen Köpfen beschwört die Bezeichnung „Immergrüne" düstere Friedhofsbilder herauf; dabei wird vergessen, dass etliche immergrüne Gehölze zugleich mit lang anhaltender, leuchtender Blüte daherkommen. Fügen Sie sie daher überall dort ein, wo das immergrüne Rückgrat fehlt.

Einer meiner Lieblinge ist der Chinesische Traubenapfel *Rhaphiolepis indica* 'Springtime'. Zwar ist sein Blatt relativ dunkel, doch von Frühjahr bis Sommer ist er mit rosa Blütenrispen besetzt. Der fast kugelrunde, lockerwüchsige Strauch wird 1,50 m hoch und muss nicht geschnitten werden. Leider kann ich ihn nicht in allen Gärten, die ich plane, einsetzen, denn er verträgt nur einstellige Minusgrade. Von ähnlicher Größe und leider auch ähnlich kälteempfindlich ist die hochinteressante *Mahonia eurybracteata* subsp. *ganpinensis* 'Soft Caress'. Dass die Wörter „Mahonie" und „hochinteressant" im selben Atemzug fallen, ist wirklich selten, doch diese relative Neuheit hat es verdient. Von den Null-acht-fünfzehn-Mahonien unterscheidet sie sich durch graziles palmwedelartiges Laub, einen etagenartigen Aufbau und ihre elegante Anmutung; im Gegensatz zu den meisten anderen Mahonien blüht sie schon im Herbst. Sie ist die perfekte Ergänzung für eine Rabatte, der es noch an Grün und Struktur fehlt. In kälteren Lagen greifen Sie sicherheitshalber zur robusten „normalen" immergrünen Mahonie *Mahonia aquifolium*; sie bringt ebenfalls verlässlich Struktur.

Bekannter ist die Mittelmeer-Palisaden-Wolfsmilch (*Euphorbia characias* subsp. *wulfenii*). Über dem graugrünen schmalen Laub stehen im Frühjahr dicke Trugdolden gelbgrüner Scheinblüten. Da sie sich gut mit Stauden verträgt, ist sie genau richtig für die gemischte Rabatte, wo sie alsbald einen meterbreiten und -hohen lockeren Horst bildet. Von vergleichbarer Größe und ebenfalls kugelig im Wuchs ist der giftige Duftende Seidelbast *Daphne odora* 'Aureomarginata'. Ich bin eigentlich kein großer Fan von buntem Laub, doch diese cremefarben gesäumten, sorgsam arrangierten Blätter wirken angenehm dezent. Einen ganzen Frühjahrsmonat lang öffnet er zartrosa Blüten, deren süßen Duft man noch in 10 m Entfernung wahrnimmt.

Interessant sind auch immergrüne Rhododendren mit ihrem ledrig-dunkelgrünen Laub und den ausdrucksstarken Blüten ab Mai sowie die Stechpalme. Relativ unbekannt ist die Azoren-Stechpalme *Ilex perado*; ihre Blätter sind nicht wie bei der Gewöhnlichen Stechpalme (*I. aquifolium*) gezähnt, sondern rundlicher und glattrandig, mit einem schönen Glanz. Sie wächst sehr langsam und kann deswegen als Strukturbildner auch mitten im Beet eingesetzt werden.

Habe ich eben behauptet, ich hätte für buntes Laub wenig übrig? Hier empfehle ich es nun zum zweiten Mal: Der Kletternde Spindelstrauch *Euonymus fortunei* 'Silver Queen' zählt zu jenen panaschierten Pflanzen, deren Blattfärbung von der Ferne aus betrachtet zu einem sanften Silbergrün verschwimmt. Er ist anspruchslos und eigentlich ein niederliegender Bodendecker; manchmal jedoch schieben sich die Zweige gegenseitig in die Höhe, was man mit einer unauffälligen Stütze forcieren kann. So erscheint er als kleiner Strauch. An düsteren Wintertagen steuert er eine willkommene frische, helle Note bei. An geschützteren Standorten kann man auch den etwas empfindlicheren Japanischen Spindelstrauch (*Euonymus japonicus*) einsetzen, er wächst von vornherein buschig; auch von ihm gibt es panaschierte Sorten.

Sie wundern sich sicher, warum auch der Oleander (*Nerium oleander*) diese Seiten ziert. Ich verwende ihn nicht wie viele andere im Kübel auf der Terrasse, sondern nutze seine strukturgebenden Talente in Pflanzungen integriert. Ich halte ihn zwar auch in großen Gefäßen, damit ich ihn im Winter einräumen kann, senke den Topf aber nach den Eisheiligen ins Beet ein. So erscheint er wie ein ausgepflanzter Strauch. Ab dem Frühsommer trägt er weiße, rosa, rote oder pfirsichfarbene Blüten.

Traubenapfel (ganz oben), Oleander im Kübel (oben) und Mahonie (rechts) sind immergrün und reichblütig.

Flotte Raumteiler

Eine Gartenrenovierung ist genau der richtige Zeitpunkt, um auch das Garten-Layout neu zu überdenken. Ein klassischer Designtrick ist die Gliederung in Räume, die viele Gärten größer erscheinen lässt. Diese Unterteilung können Sie mit Holzwänden oder Mauern vornehmen, doch auch Pflanzen sind geeignet. In erster Linie sind da natürlich Hecken zu nennen; sie erfüllen ihre Aufgabe jedoch meist erst nach Jahren. Es gibt aber auch diverse wuchsfreudige Gewächse, die schon in einer Saison zur „lebenden Wand“ heranwachsen.

Der Scheinhanf (*Datisca cannabina*) und die Weidenblättrige Sonnenblume (*Helianthus salicifolius*) schaffen es in zwei Monaten von null auf 2 m und mehr – ein sehr kostengünstiges Mittel der Raumgliederung. Der Scheinhanf ist mehrjährig. Seine überhängenden, dicht mit fein gefiederten Blättern besetzten, 2 m hohen Triebe tragen im oberen Bereich feine grüne Blütentroddeln, die im Wind schaukeln. Da er vasenförmig wächst, sollten für guten Sichtschutz mehrere Exemplare nebeneinander gepflanzt werden. Dasselbe gilt für die Weidenblättrige Sonnenblume. Die 2,50 m hohen Stängel des grazilen Korbblüters sind ringsum mit haarfeinem Laub besetzt. Trotz ihrer Durchsichtigkeit ist diese Staude allein schon dank ihrer Höhe ein hervorragender Raumteiler. Meist blüht sie am Ende eines langen Sommers, doch die Wirkung der kleinen gelben Blüten bleibt weit hinter der anmutigen Gesamtwirkung zurück. Die schlanke schwarzrote Garten-Melde, zum Beispiel *Atriplex hortensis* var. *rubra*, ist eine ebenso raschwüchsige und daneben gut aussamende Einjährige. Ist sie erst einmal etabliert, erscheint sie verlässlich wieder.

Auch Halbsträucher und Sträucher sind fähig, in kurzer Zeit zu Raumteilern heranzuwachsen, ohne zu massiv zu wirken. Die Buschmalve (*Lavatera*) wächst in drei bis vier Monaten zu einem beachtlichen Busch hoher, graugrün belaubter Triebe mit rosafarbenen Schalenblüten heran. Winters braucht sie etwas Schutz, vor allem bei Kahlfrost. Schneiden Sie sie alle ein bis zwei Jahre konsequent zurück, damit sie sich mit neuen Trieben aus der Basis jung und dicht erhält. Der Sommerflieder (*Buddleja davidii*) kann genauso behandelt werden; in einer einzigen Saison erreicht er mindestens 2 m, oft auch 3 m Höhe. Es gibt zahlreiche Auslesen mit Blüten von Blau über Violett und Purpurrot bis Weiß.

Der jährliche rabiate Rückschnitt, der Malve und Sommerflieder so gut bekommt, kann auch beim Chinesischen Blauglockenbaum (*Paulownia tomentosa*) angewendet werden. Dieser „Hochgeschwindigkeitsbaum“ darf jedes Frühjahr auf den Stock gesetzt werden (Seite 73). Er reagiert mit pfeilgeraden, langen Austrieben; verzichtet aber auf die Blüte – die häufig sowieso wegen von Spätfrösten dahingerafften Knospen ausfällt. Die fehlenden Blüten macht er durch sein exotisch anmutendes, rhabarberblattgroßes Laub wett.

Scheinhanf (gegenüberliegende Seite), Melde, Buschmalve und Blauglockenbaum (von links nach rechts) können in einer einzigen Saison mannshoch werden.

Pflanzen für den Beetvordergrund

Schier unendlich scheint die Zahl der Pflanzen, die in die Kategorie „Beetrand" fallen, denn das einzige Kriterium dafür ist niedriger Wuchs. Da sie dort jedoch immer im Blick sind, sollten sie schon ein paar weitere Qualitäten aufweisen. Ich persönlich ziehe nur Pflanzen in Betracht, die entweder ausgesprochen lange blühen oder auf irgendeine Weise über mehrere Jahreszeiten etwas hermachen. Keine meiner Empfehlungen muss gestützt, geputzt oder sonst wie gepäppelt werden, um eine ganze Saison lang attraktiv zu bleiben.

Bezaubernd sind Einjährige wie die Garten-Scheinlobelie (*Isotoma axillaris*) mit zahllosen blauen Blütensternen oder auch die *Angelonia* mit Blütenkerzen, die an offene Löwenmäulchen im Miniaturformat erinnern. Auch Kapmargeriten (*Osteospermum*) sind wertvolle Sommerblumen für den Beetvordergrund. Die frostverträglichen Sorten halten zwar lange, blühen dafür aber eher spärlich; für eine Blütenlawine sorgen die im Gartenhandel als Sommerflor angebotenen Sorten, die eine ganze Saison lang mit einem Regenbogen von hellblau überhauchtem Burgunder bis hin zu hellstem Pfirsichgelb bezaubern. Eine seltener anzutreffende Einjährige ist die aus Samen zu ziehende Blaue Hainblume (*Nemophila menziesii*). Ihre zarten kleinen Schalenblüten leuchten intensiv hellblau mit weißer Mitte und ziehen alle Blicke auf sich, besonders vor einem dunkellaubigen Hintergrund oder in Kombination mit einer Kontrastfarbe wie hellem Orange. Diese findet sich beispielsweise bei der Verbene 'Peaches and Cream'. Ich habe diese niedrige bodendeckende oder aus Kübeln herabrankende Staude schon oft als Ergänzung zu hellen Blautönen verwendet. Sie bekommen diese ideale Beetrandpflanze im Frühjahr in der Gärtnerei oder im Gartencenter. Ihre Blüten durchlaufen mehrere Pfirsich-Orange-Töne und öffnen sich bis in den Herbst hinein.

Für eine langlebigere Beetrandbepflanzung sind niedrige Stauden und Halbsträucher gut, etwa das 30 cm hohe Gewöhnliche Sonnenröschen (*Helianthemum nummularium*), das seine schwefelgelben Blüten in Wellen vom Frühjahr

Von oben nach unten: *Angelonia*, *Jovellana* und Hainblume; gegenüberliegende Seite: Mädchenauge. Sie alle stellen kaum Ansprüche und überzeugen mit langer Blütezeit.

bis zum Herbst öffnet. Von diesem gibt es etliche Kultursorten in Rot, Orange und Gelb, die sich alle gleich verhalten. Alles, was es zum Blühen braucht, ist ein warmer Sonnenplatz. Von ähnlicher Größe ist das Silber-Balsamkraut (*Tanacetum argenteum*). Was dieser Staude den Platz in vorderster Reihe sichert, sind nicht die gelben Blüten, sondern das wunderschön farnartige, silbrige Laub. Es bringt jede erdenkliche kräftige Farbe gut zur Geltung – was immer Sie dem Silber-Balsamkraut auch zum Nachbarn geben. Unter den zahllosen für den Beetrand geeigneten Stauden tun sich drei besonders hervor: die Ziererdbeere *Fragaria × ananassa* 'Pink Panda', das Mädchenauge *Coreopsis* 'Limerock Ruby' und *Jovellana violacea*. Die Erdbeere ist eine Schmucksorte mit großen Blüten in fröhlichem Pink, die immer wieder – vom Spätfrühling bis zum Herbst – über dem typischen gefältelten Erdbeerlaub erscheinen. Das Mädchenauge wirkt daneben richtig zart. Es gibt diese Pflanze in etlichen aufdringlich gelbblütigen Sorten, doch bei dieser Auslese stehen kosmeenartige, rubinrote Blüten über dem ziselierten Laub. Es bleibt bei einer Höhe und Breite von etwa 30 cm und setzt sich schön gegen blaues und silbernes Laub ab. Die himmlische *Jovellana violacea* wird etwas höher, nämlich 40 cm. Ihre erbsengroßen Blüten sind malvenblau mit dottergelbem, orange-braun geflecktem Schlund und erinnern an eine Kreuzung aus Pantoffelblume und Orchidee. Am besten stecken Sie gleich ein Namensschild daneben, denn alle Welt wird wissen wollen, wie sie heißt. Diese chilenische Schönheit blüht den ganzen Sommer lang, ist aber leider nicht winterhart.

Pflanzen für die Beetmitte

Eine Gartenrenovierung ermöglicht viele spannende Veränderungen; nicht zuletzt bietet sie die Chance auf größere Pflanzflächen. Wenn es Ihr Platz zulässt, wäre für gemischte Rabatten und Staudenbeete eine Tiefe von wenigstens 3 m, besser noch 5 m ideal. In einem Beet dieser Größe lassen sich von vorn nach hinten drei bis vier schön gestaffelte Pflanzzonen schaffen. Wenn Sie ein Fünftel der Beettiefe dem vorderen Beetrand vorbehalten und zwei Fünftel den Hintergrundpflanzen, stehen Ihnen weitere zwei Fünftel an Beetmitte zur Verfügung. Die mittelhohen Arten in diesem Bereich dürften das Hauptaugenmerk auf sich ziehen und sollten daher so langblütig und bezaubernd wie möglich sein.

Ich persönlich wähle am liebsten großblütige Arten, die ständig Knospen nachschieben, oder aber Pflanzen, die über mehr als eine Jahreszeit wirken. Die Salbei-Hybride *Salvia × jamensis* 'Raspberry Royal' passt perfekt in erstere Gruppe. Sie wird 1 m hoch, blüht vom Spätfrühling bis in den Herbst und ist pflegeleicht, aber leider nicht winterhart. Werden ihre verholzenden Triebe im Frühjahr um die Hälfte oder mehr zurückgeschnitten, zeigt sie ihre himbeerroten Blüten sehr vorteilhaft. Diese sind zwar klein, aber zahlreich. Ein gutes Gegengewicht bilden großblumigere Arten wie die Gewöhnliche Wald-Engelwurz (*Angelica sylvestris*) oder Kalla (*Zantedeschia aethiopica*), eine bekannte Kübelpflanze. Die Engelwurz-Sorte 'Vicar's Mead' ähnelt dem Wiesen-Kerbel, unterscheidet sich von ihm jedoch durch violettgrünes Blattwerk und große, pudrig pflaumenblaue Blütenteller. Ihre Blütenfarbe ist eine verwaschene Variante derjenigen des Salbeis, was beide zu guten Partnern macht. Dramatischer ist der Kontrast mit der Kalla 'Crowborough'. Ihre große Blüte besteht aus einem einzigen, um den leuchtend gelben Kolben geschlungenen weißen Blütenblatt – Exotik pur. Zwar bevorzugt sie feuchten Boden, doch sie passt sich auch anderen Situationen an.

Mit hohen Blütenkerzen, die fast den ganzen Sommer bezaubern, setzen mehrjährige Königskerzen (*Verbascum*) in der Beetmitte einen lebhaften Formkontrast. Die Sorte 'Cotswold Beauty' treibt 1,20 m hohe Kerzen, die dicht mit pfirsichfarbigen Blüten mit violetten Staubfäden besetzt sind. Diese subtile Farbe passt besonders gut zur Texas-Amsonie (*Amsonia tabernaemontana*), einer sich wogenförmig ausbreitenden Staude mit dunklem, schmalem Laub und Büscheln blassblauer Blütensterne, die sich von Frühling bis Sommer an den Triebenden öffnen. Sie ist etwa 70 cm hoch, standfest und langlebig – perfekt für die Beetmitte.

Zur Sommermitte übernehmen Taglilien (*Hemerocallis*) den Staffelstab; Sie finden sie in jeder erdenklichen Farbe außer Blau. Aus dem grasartigen Laub treiben Blütenstängel, an denen sich eine lilienartige Blüte nach der anderen öffnet. Mir persönlich gefällt die Sorte 'Stafford' mit ihrem roten Farbverlauf und der feinen gelben Mittellinie besonders gut.

Wer nach etwas Ausgefallenerem sucht, probiere die Knollige Seidenpflanze (*Asclepias tuberosa*). Diese nordamerikanische Staude trägt auf 90 cm hohen Stängeln etliche raffinierte, orangefarbene Blüten, die Schmetterlinge unwiderstehlich finden. Ich habe sie bereits sehr ansprechend mit einer der wenigen hohen Einjährigen für die Beetmitte kombiniert, dem Schmuckkörbchen (*Cosmos bipinnatus*): Die Sorte 'Purity' besitzt zart belaubte Blütenstängel und große, reinweiße Blüten.

Gegenüberliegende Seite: Königskerze; rechts, von oben nach unten: Amsonie, Blauraute (*Perovskia*), Seidenpflanze und Salbei.

Pflanzen für den Beethintergrund

Eine Staude, die sich innerhalb weniger Monate vom zaghaften Trieb zum Drei-Meter-Riesen entwickeln kann, ist schon etwas Besonderes. Diese Giganten sind 1-A-Kandidaten für den Hintergrund der gemischten oder Staudenrabatte. Viele konzentrieren sich dabei rein aufs Höhenwachstum, weshalb sie relativ wenig Beetfläche beanspruchen – bei Platzmangel sehr von Vorteil. Es gibt auch Sträucher, die schlank in die Höhe streben und damit für den Beethintergrund ideal sind. Zu den schönsten zählt die Purpur-Samtpappel (*Abutilon × suntense*), besonders die Sorte 'Jermins'. Mit ihren zarten Trieben erscheint sie fast wie eine Staude; dazu schmückt sie sich von Sommer bis Herbst mit zart fliederfarbenen Malvenblüten. Sie braucht Sonne, um zu gedeihen – pflanzen Sie sie daher nicht als 20-cm-Mickerling, der sofort im Schatten der Nachbarn eingeht, sondern ziehen Sie sie vorher zu Meterhöhe heran. Sie sollte einen geschützten Standort bekommen, gern vor einer Mauer, denn sie verträgt nur Temperaturen bis etwa –10 °C. Anbinden schadet ebenfalls nicht, denn der Strauch ist nicht sonderlich standfest. Besonders erlesen wirkt er im Verbund mit dem in zartestem Hellgelb blühenden Großen Schuppenkopf (*Cephalaria gigantea*). Diese Skabiosen-Verwandte erreicht mindestens 2 m Höhe und wächst rasch in die Breite. Teilen Sie sie alle paar Jahre, damit sie nicht zu gewaltig wird. Die Echte Geißraute (*Galega officinalis*) wird etwa halb so hoch. Der Schmetterlingsblütler ist am gefiederten Laub und den verzweigenden Trieben mit malvenrosa Blütenkerzen gut zu erkennen. Der eifrige Selbstversamer sorgt für genügend Nachwuchs zum Verschenken. Wie beim Schuppenkopf sollte auch hier ein Anbinden unnötig sein.

Für ein stimmiges Bild empfiehlt es sich, einige Hintergrundstauden mehrfach zu verwenden. Dazu nehme ich gern Wiesenknopf (*Sanguisorba*) und Wiesenraute (*Thalictrum*). Beide sind so durchsichtig, dass die Wiederholung nicht den Blick auf andere Pflanzen verstellt; zugleich entstehen bewegte, oft überraschende Kombinationen. Der Wiesenknopf *Sanguisorba tenuifolia* 'Pink Elephant' ist eine auffällige, 1,50 m hohe Auslese mit intensiv rosa Blütentroddeln. Durch den legendären Pflanzenspezialisten und Gartengestalter Piet Oudolf ist die Gattung fest im europäischen Pflanzenrepertoire verankert; er verwendet sie regelmäßig in seinen Pflanzplanungen im New German Style. Die Wiesenraute 'Elin' zeichnet sich durch ähnliche Eigenschaften aus, erreicht dabei aber 2,50 m Höhe; ihr blaubereiftes farnartiges Laub wirkt wunderschön zu den rosa Knospen und weißen Blütensternen.

Einen kompakten Beetabschluss schaffen hohe, dicht belaubte Stauden, die einen massigen Horst ausbilden. Den finden Sie sowohl bei der Stauden-Sonnenblume *Helianthus* 'Lemon Queen' als auch beim Wald-Geißbart (*Aruncus dioicus*). Beide können über 2 m Höhe erreichen, und beide blühen wenigstens acht Wochen lang. Der vasenförmig wachsende Geißbart treibt aus dem Laub straußenfederartige weiße Blütenwedel. Er wirkt so massiv, dass man ihn glatt für ein Gehölz halten könnte. Anbinden ist bei ihm überflüssig. Teilen Sie ihn im Frühjahr, ebenso die Stauden-Sonnenblume. Dass ich diese bisher in jeden Garten gepflanzt habe, den ich mein eigen nannte oder in Pflege hatte, hat seinen guten Grund: Sie ist robust, hoch, verlässlich und öffnet ihre hellgelben Blüten vom Spätsommer bis zum Frost.

Geißraute (ganz oben), Wiesenknopf (oben) und Wiesenraute (gegenüberliegende Seite) sind standfeste, hohe Gesellen für den Beethintergrund.

Trockentolerante, widerstandsfähige Pflanzen für Ihre Hotspots sparen jede Menge Gießwasser.

Pflanzen für die Sonnenfalle

Während der größeren Renovierungsarbeiten werden Sie bereits die wärmsten Lagen Ihres Gartens identifiziert haben. Wo sich die Hitze besonders gut fängt, vielleicht in einem nach Süden gelegenen Hof oder an einer Südwand, herrscht ein besonderes, wertvolles Mikroklima. Hier ist der ideale Ort für einen Sitzplatz, aber auch für südafrikanische und mediterrane Sonnenanbeter.

Denkt man an sonnenverwöhnte, geschützte Plätze, fallen einem sofort duftende Mittelmeer-Kräuter ein. Sämtliche Lavendel fühlen sich an einem trockenheißen Standort wohl. Darf es etwas mehr sein? Bitteschön, die Vermehrung erfolgt ganz einfach über halbreife Stecklinge in Sand. Schwertlilien drängen sich in Gedanken ebenfalls auf. Sie lieben einen derart heißen, trockenen Standort; doch da ihre Blüten nur ein paar Wochen währen, schauen wir uns nach Alternativen um. Eine solche ist die Knoblauchs-Kaplilie (*Tulbaghia violacea*). Vom Spätfrühling bis zum Herbst treibt sie aus dem grasartigen Horst immer neue, kleine rosa Blütenbüschel an langen Stielen. Verblühtes wird ausgeschnitten. Da die Pflanze nur einstellige Minustemperaturen verträgt, sollte man sie in kalten Gegenden rechtzeitig ausgraben und frostfrei überwintern.

Der Trichterschwertel (*Dierama pulcherrimum*) und *Dietes bicolor* tragen ebenfalls grasartiges Laub und fühlen sich in derselben Situation wohl. Beide Südafrikanerinnen stammen von heißen, ziemlich trockenen Standorten, was sie für eine europäische Sonnenfalle prädestiniert. Der Trichterschwertel lässt seine kräftig rosafarbenen Blüten von einer langen, weit übergebogenen Rute baumeln. Er braucht ein wenig Zeit, bis er blüht – erstehen Sie daher eine möglichst große Pflanze, damit Sie sich schon recht bald an den Blüten erfreuen können. Weniger dramatisch, dafür sehr charmant ist *Dietes bicolor*. Diese in Europa eher unbekannte Staude ist unter anderem mit festem schwertförmigem Laub an heiße Bedingungen angepasst – klirrende Kälte kennt sie von zu Hause nicht; daher kommt sie nur in Weinbaugegenden heil über den Winter. An kälteren Standorten sollten Sie sie sicherheitshalber als Kübelpflanze halten und frostfrei überwintern. Ihre sahneweiße Blüte mit den drei braunen Flecken in der Mitte wirkt wie eine flachgedrückte Irisblüte – was nicht verwundert, handelt es sich doch um ein Irisgewächs.

Ein Hotspot wäre kein solcher, fände sich dort nichts wüstenhaft Stachliges. Mannstreu (*Eryngium × oliverianum*), Mariendistel (*Silybum marianum*) und einige nordamerikanische Arten des Feigenkaktus (*Opuntia*), die sich in unseren Breiten als winterhart erwiesen haben, kommen zur Ehrenrettung. Der zum Winter einziehende Mannstreu ist der schönste seiner Sippe, denn seine stachligen Blüten mit den umgebenden Hochblättern leuchten intensiv blau. Er blüht vom Sommer bis in den Herbst – je heißer, desto intensiver die Farbe. Die Mariendistel besticht mit ihrer grundständigen Rosette aus glänzend grünen, faszinierend weiß marmorierten Blättern. Tatsächlich ist ihr Laub interessanter als die pink leuchtenden Distelblüten, die sie im zweiten Jahr treibt. Gestatten Sie dieser Zweijährigen, sich auszusamen, um sie zu erhalten – Sie werden sehen, das wiederkehrende Auftreten dieser Pflanze schafft Zusammenhalt im Garten. Zu guter Letzt der Feigenkaktus: Er stammt aus Amerika, und einige Arten, zum Beispiel *Opuntia fragilis*, *O. polyacantha* oder *O. macrocentra*, sind überraschend kältetolerant, solange sie gut dräniert stehen. Sehr eindrucksvoll sind die graugrünen, handgroßen „Ohren" mit ihren angsteinflößenden Stacheln.

Von links nach rechts: Mannstreu, Feigenkaktus und *Dietes* gedeihen am besten an warmen, relativ trockenen Standorten.

Bäume unterpflanzen

Bäume sind im Garten das Größte – es lohnt sich, sie auf attraktive Weise in den Mittelpunkt zu stellen. Gezieltes Schneiden, Aufasten und Ausdünnen sowie Bodenverbesserungen schaffen die Voraussetzungen für eine vielfältige Unterpflanzung mit Kletterpflanzen, die die Baumkronen mit Laub und Blüten erobern, und Zwiebelblühern, Sträuchern und Stauden, die den lichten Schatten zu ihren Füßen zieren.

Ihre Bäume warten nur darauf, herausgeputzt zu werden, und tatsächlich gibt es zahllose dafür geeignete Pflanzen. Sie alle sind Kinder der Wälder und dementsprechend gut darauf vorbereitet. Waldpflanzen wie Hasenglöckchen, Schlüsselblumen und Anemonen nutzen eilig die noch laublose Phase im zeitigen Frühjahr, um zu blühen und sich zu versamen. Für ein längeres Spektakel müssen andere Pflanzen her – zähe Waldgeschöpfe, die vom Frühsommer bis zum Herbst im sanften Licht ihre Blüten öffnen. Zu den verlässlichsten zählen die Hortensien (*Hydrangea*). Ihre riesigen dekorativen Blütenstände in unterschiedlicher Form, von teller- über kegelförmig bis hin zu kugelig, prangen in Juwelentönen von Rot, Rosa, Violett und Blau bis hin zu Weiß und Gelbgrün. Ab Mitte des Sommers durchlaufen die Blüten mehrere Stadien bis zum Höhepunkt ihrer Pracht, wonach sie ihre Show bis zum Herbst fortführen; schließlich trocknen sie und verbleiben als pergamentene Erinnerung an den Sommer am Strauch. Meine persönlichen Favoriten sind die Rispen-Hortensien. Mit ihren Blütenständen sind sie dem Flieder ähnlicher als den kugeligen Garten-Hortensien. Die Rispen-Hortensie *Hydrangea paniculata* 'Limelight' ist meine Nummer eins. Sie erblüht gelbgrün, um sich allmählich immer weißer und zuletzt rosig zu färben. Drei Blütenfarben in drei Monaten an einer einzigen Pflanze – nicht übel, nicht wahr? Sie erreicht schließlich 1,50 m Höhe und Breite, entsprechend groß sollte ihr „Schutzbaum" also sein. Die Garten-Schneebeere *Symphoricarpos* × *doorenbosii* 'Mother of Pearl' ist ein weiterer Waldbewohner für den lichten Baumschatten. Der bis 2 m große Strauch zeigt im Sommer mehr Zurückhaltung als die Hortensien, doch im Herbst neigen sich seine Zweige unter der Last rosaweißer Beeren, die bis weit in den Winter anhaften und die düster-feuchte Jahreszeit aufhellen.

Auch unter den Zwiebelblühern mögen einige den lichten Baumschatten. Gern greife ich auf die Tiger-Lilie (*Lilium lancifolium*) und die Himalaya-Riesenlilie (*Cardiocrinum giganteum*)

Die dramatische Tiger-Lilie trägt starke Form und Farbe in den Halbschatten.

Im Uhrzeigersinn von oben links: Rispen-Hortensie, Silberblatt, Leberblümchen und Garten-Hortensie (*Hydrangea macrophylla*) fühlen sich im gedämpften Licht unter Baumkronen wohl.

zurück. Die beiden Asiatinnen prunken mit dramatischen Blüten und sind erstaunlich unkompliziert. Die Tiger-Lilie trägt auf dem meterhohen Stängel braungefleckte orangefarbene Blüten mit zurückgeschlagenen Blütenblättern. Ich habe sie schon in 80 Prozent Schatten zum Blühen gebracht, doch regulärer Halbschatten sagt ihr besser zu. Am besten streuen Sie sie hier und dort ein. Die Riesenlilie hingegen ist so gewaltig, dass schon ein einziges Exemplar seine Wirkung entfaltet. Diese Waldlilie öffnet an einem Trieb von gut 2,50 m gewaltige weiße Lilienblüten mit burgunderfarben errötendem Schlund. Es kann einige Jahre dauern, bis sie blüht, doch dann stiehlt sie allem anderen die Schau. Da die Blüten nicht unter 1 m Höhe ansetzen, darf man sie gern mit anderen Pflanzen wie dem Einjährigen Silberblatt (*Lunaria annua*) umgeben. Dieser zweijährige Selbstversamer erobert den halbschattigen Bereich auf ganz unaufdringliche Weise.

Der verlässlichste Waldbewohner ist für mich die Herbst-Anemone (*Anemone hupehensis*). Kaum beginnt der übrige Garten im Spätsommer nachzulassen, öffnet sie ihre Knospen in frühlingshafter Frische. Die großen Blüten trägt sie hoch erhoben auf drahtigen Stielen. Es gibt zahlreiche Kultursorten von 50–150 cm Höhe, in Farben von Weiß über Puderrosa bis Rubinrot – auch für Sie dürfte eine dabei sein.

Sollte bei Ihnen wenig Platz sein, lassen Sie mich zwei wenig raumgreifende Waldstauden empfehlen: Das Leberblümchen (*Hepatica nobilis*) und den Amerikanischen Schöllkrautmohn (*Stylophorum diphyllum*). Das zeitig blühende Leberblümchen übersteigt kaum 10 cm Höhe bei einem Durchmesser von 20 cm. Seine leuchtend blauen Blütensterne wirken doppelt schön dank der auffälligen Staubgefäße. Schon bald danach – und dann bis zum Herbst – öffnet der 30 cm hohe Schöllkrautmohn seine gelben „Mohnblumen“. Beide Stauden gedeihen auf fast jedem Boden; zusammen schenken sie sieben Monate Blütenschönheit.

Wow-Effekte

Egal, wie groß oder klein der Garten ist – der eine oder andere Wow-Effekt ist wichtig, denn solche Glanzpunkte lenken das Auge und die Schritte. Alles ist möglich, von Teichen und Bögen über Statuen und Gehölzsolitäre bis hin zu baulichen Blickmagneten. Doch übertreiben Sie es nicht: Ein Zuviel an Besonderheiten mündet in einem Wettstreit um die Aufmerksamkeit des Betrachters; es überfrachtet den Garten und lenkt von seinem eigentlichen Zweck ab. Gesetze gibt es nicht, doch es gilt die Regel, dass maximal zwei solcher Elemente auf einmal im Blick sein sollten. Weniger ist mehr – dies ist zwar ein Klischee, aber nichtsdestoweniger gültig.

Solitärpflanzen

Der Begriff „Solitärpflanze" lässt sich unterschiedlich auslegen; für mich ist eine auffällige Silhouette ausschlaggebend. Häufig haben solche Pflanzen eine fast architektonische Wirkung, sind bisweilen kapriziös, immer aber von theatralischer Gesamtwirkung.

Normalerweise kann ich mich nur wenig für Koniferen erwärmen, doch einige machen sich hervorragend als Solitär. Die Alberta-Schimmel-Fichte *Picea glauca* var. albertiana 'Conica', allgemein als „Zuckerhut-Fichte" gehandelt, ist ein sehr dichter, tannengrün benadelter Baum von kegelförmigem Wuchs. Ihr großer Bruder, *Picea glauca* var. *densata*, ist kräftig graublau und von nahezu perfekter Kegelform mit aufwärts gebogenen Astspitzen. Kerzengerade stehen manche Eiben und Wacholder da. Die Eiben-Sorte *Taxus baccata* 'Standishii' wächst als schmales, pfeilgerades Gehölz, das bei bis zu 2 m Höhe kaum mehr als 40 cm Durchmesser erreicht.

Auch etagenförmiges Astwerk garantiert eine faszinierende Silhouette; diese Kunst beherrschen der Pagoden-Hartriegel (*Cornus controversa*) und der Japanische Schneeball *Viburnum plicatum* 'Mariesii' besonders gut. Beide werden 3–4 m breit und lohnen jeden Zentimeter Platz. Die waagerecht ausgestreckten Zweige des strauchigen Schneeballs sind im Frühjahr spektakulär von weißen, hortensienartigen Blütentellern bedeckt. Den Hartriegel möchte man fast als noch dramatischer bezeichnen. Dieser Großstrauch oder kleine Baum beansprucht bei bis zu 6 m Höhe einiges an Raum: Meist wächst er einstämmig, mit ringsum in Etagen abgehenden Ästen.

Jetzt wird es exotisch – mit Palmen! Einige Arten schlagen sich im gemäßigten Klima recht tapfer. Am bekanntesten dürfte die Chinesische Hanfpalme (*Trachycarpus fortunei*) sein. Diese Fächerpalme trägt eine eher kugelförmige Krone aus zahlreichen Blattfächern. Der blattlose Stamm ist von alten Blattbasen und dicken „Hanffäden" umhüllt, die man

Die dramatischen Baumfarne faszinieren mit gewaltigen Wedeln.

jedoch ablösen kann, um den rötlichen Stamm auf Hochglanz zu polieren. Sie stammt aus kühleren Regionen Asiens. Kalter Wind und Temperaturen unter null entlocken ihr nur ein Lächeln – allerdings nur bis etwa −12 °C; gerade jüngere Pflanzen sollten sicherheitshalber mit einem Winterschutz bedacht werden. Weniger verbreitet und nicht ganz so kälteverträglich sind die Europäische Zwergpalme (*Chamaerops humilis*) und die Kanarische Dattelpalme (*Phoenix canariensis*) für wintermilde Gebiete. Beide tolerieren kurzzeitig Temperaturen bis −10 °C, sollten also sehr geschützt stehen und winters zusätzlichen Schutz bekommen. Alternative ist, sie im großen Kübel zu halten und vor den ersten starken Frösten beispielsweise in eine helle Garage zu bringen. Beide stammen aus dem Mittelmeerraum und bevorzugen gut durchlässigen Boden und reichlich Sonne. Die Zwergpalme wächst oft mehrstämmig als beeindruckender spitziger Blätterbusch; die Dattelpalme zeigt sich in klassischer Schirmform. Wer seine Nachbarn nachhaltig beeindrucken will, probiert es mit der Mexikanischen Washingtonpalme (*Washingtonia robusta*) – Exotik pur! Sie erträgt Temperaturen bis −6 °C, weshalb eigentlich nur Kübelkultur infrage kommt. Sie zeigt eine eindrucksvolle Statur und ihr konischer Stamm ist von einem faszinierenden Zickzackmuster aus alten Blattbasen bedeckt; die Krone ist der typische Schirm aus riesigen, schmal zerteilten Blatfächern.

Zusätzlich zu den bisher genannten, möchte ich ein paar hervorragende Kübelsolitäre nennen, für die Sie unbedingt eine frostfreie Überwinterungsmöglichkeit im Kalt- oder Gewächshaus oder in einer hellen Garage benötigen. Ganz oben auf meiner Liste steht die hochdramatische Duftende Engelstrompete (*Brugmansia suaveolens*), deren Name direkt auf ihre großen, nachtduftenden Trompetenblüten verweist. Die in Rosa- oder Pfirsichtönen oder Weiß blühenden Sorten sind dank der bis 3 m hohen und 2 m ausladenden Krone unübersehbar. Bedenkenswert sind auch die Trockenheit bevorzugende Hundertjährige Agave (*Agave americana*) mit silbrig blauen Blattschwertern und einer fast karikiert wirkenden Silhouette sowie die südafrikanischen *Restio*-Gewächse. Diese muten an wie eine Kreuzung aus Bambus, Schachtelhalm und Ziergras; meist sind sie farbig gebändert und von attraktiv vasenförmigem oder fontänenartigem Wuchs. Am wohlsten fühlen sie sich in einem großen Kübel in saurer Erde. Auch Baumfarne sind Hingucker, die nicht jeder im Garten hat. Angeboten werden sie per 10 cm Stammlänge. Da ein Baumfarn nur sehr langsam an Höhe gewinnt, sollten Sie von vornherein die benötigte Stammlänge ordern.

Formgehölze

Die europäische Tradition, Gehölze in komplizierte geometrische Formen zu schneiden, reicht über ein halbes Jahrtausend zurück. Ausgefeilt wurde sie von den Gärtnern der italienischen und französischen Renaissance; in der Folge konnte sie sich weit über Europa hinaus in der Gartenkultur verankern. Formschnitt muss jedoch nicht zwingend die Ausmaße eines Knotengartens oder symmetrischer Anlagen annehmen; solange die Gehölze angemessen proportioniert sind, passt er in jeden Garten.

Für mich sind in Form geschnittene Pflanzen lebende Skulpturen, die einzeln, paarweise oder auch mehrfach wiederholt im Garten ihren Platz haben. Dabei ist praktisch alles möglich – im Laufe der Jahre habe ich schon Krokodile, Drachen, Pfauen und sogar ein inniglich verbundenes Liebespaar zu sehen bekommen. Bei solch verspielten Figuren handelt es sich um Langzeitprojekte. Sofortwirkung erzielen Sie mit vorgezogenen Kugeln, Würfeln, Spiralen, Kegeln und Säulen, die der Handel in unterschiedlichem Format bereithält. Bisher war meist der Gewöhnliche Buchsbaum (*Buxus sempervirens*) das Ausgangsmaterial. Doch in Zeiten, in denen Buchsbaumzünsler und Pilze dem Buchs das Leben schwer machen, greifen viele zu Alternativen. So lassen sich auch Japanische Stechpalmen (*Ilex crenata*) und Eiben (*Taxus baccata*) in unzählige Formen bringen. Stellen Sie die bevorzugte Form an Ort und Stelle modellhaft mit Dingen dar, die gerade zur Hand sind, um eine Vorstellung von der benötigten Pflanzengröße zu bekommen, bevor Sie ein entsprechend vorgezogenes Exemplar kaufen. Alternativ können Sie oft auch mit recht wenig Aufwand bereits vorhandene Gartensträucher in Form bringen. Liguster, Glänzende Heckenkirsche (*Lonicera nitida*), Feuerdorn (*Pyracantha*) und Gamander (*Teucrium × lucidrys*) reagieren allesamt auf Schnittmaßnahmen mit dichterem Wuchs. Wie immer Sie es angehen – Formgehölze hinterlassen garantiert ganzjährig Eindruck.

Bauliche Elemente

Von Baumhaus und Bogen bis hin zu Laube und Pergola – bauliche Gartenelemente zählen zu jenen Veränderungen, die in kürzester Zeit tiefgreifende Wirkung erzielen. Allein schon aufgrund ihrer Größe sind sie im Garten aus allen möglichen Blickwinkeln unübersehbar.

Ein Bogen ist am schnellsten und einfachsten errichtet. Ob komplett selbst konstruiert oder vorgefertigt gekauft – gerade hier gilt „wenig Aufwand, große Wirkung". Als Raumteiler lässt der Bogen den Garten größer und geheimnisvoller erscheinen, er lenkt den Blick, vielleicht sogar auf einen geschickt platzierten Hingucker, und er verlangt geradezu nach duftenden, blühenden Kletterpflanzen.

Eine Nummer aufwendiger ist die dreiseitig geschützte Gartenbank. Eine solche hochromantische Laube ist der perfekte Zielpunkt einer Blickachse oder eines langen Weges – ein Ruhepunkt mit magnetischer Anziehungskraft. Der Handel bietet Lauben im Bausatz an, die Sie selbst passend zum Garten dekorieren. Ich persönlich bevorzuge natürlich alternde, holzfarbene Lasuren, aber wer will, kann sie auch lackieren.

Noch aufwendiger ist die Pergola. In den 1980er- und 90er-Jahren war sie allgegenwärtig, doch derzeit scheint sie in Ungnade gefallen zu sein. Diese simple Konstruktion bewerkstelligt gleich mehrerlei: Sie unterteilt Flächen, schafft Gartenräume und lockt als luftiger Gang zum Spaziergang. Außerdem können Sie damit unansehnliche Bereiche kaschieren und sie mit Rosen, Glyzinien, Trauben oder Kiwis beranken.

Die absolute Krönung ist ein offener oder geschlossener Pavillon oder ein Gartenhäuschen. Ob versteckt gelegen oder verlockend platziert – in jedem erweckt ein solcher Anblick den Entdeckerdrang. Auch diese Bauten gibt es als Bausatz; wer allerdings nicht weiß, wohin mit seinem Geld, optiert vielleicht für ein Architektenmodell. Tipps zum Streichen finden Sie auf Seite 204.

Einfache Bögen, Rankgerüste und Häuschen aus Holz bringen Struktur und Richtung in den Garten.

Wasser im Garten

Seit Jahrtausenden ist Wasser ein Grundelement des gestalteten Gartens. Seine Symbolkraft ist je nach Kulturraum eine andere, doch es gilt: Wasser bringt Leben, Licht, Bewegung, Spiegelungen und Geräusche in den Raum. Sein Plätschern verrät es schon lange, bevor man es entdeckt.

Im Laufe der Jahre habe ich etliche Brunnen, Teiche, Wasserfälle und -rinnen angelegt; häufig erweist sich dieses Designelement als Hauptattraktion des Gartenraums. Wie immer ist auch hier eine vernünftige Dimensionierung zwingend. Ein Vier-Meter-Wasserfall dürfte in den meisten Gartenanlagen ein wenig übertrieben wirken; machen Sie sich daher zuallererst über die Größe Gedanken. Wichtig ist außerdem die Einbindung des Wassers in seine Umgebung. Ich habe schon allzu viele Brunnenelemente gesehen, die wie vom Himmel gefallen wirkten, es fehlte ihnen jegliche Verwandtschaft mit ihrem Umfeld. Schauen Sie sich um – Form, Größe, Materialien des Gartens sollten sich wenn irgend möglich im Wasserelement wiederholen, um einen Zusammenhang herzustellen. Auch die Platzierung ist wichtig. Soll eine Wasserfläche vollsonnig liegen, sollten reichlich Pflanzen eingeplant werden, die das Algen- und Unkrautwachstum eindämmen. Wenn Sie keine Pflanzen wünschen, müssen Sie sich darauf einstellen, das Wasser mit einer Filteranlage oder mit Chemikalien sauber zu halten.

In einem winzigen Hausgarten ist nur selten Raum für einen Teich: Hier empfiehlt sich ein Wandbrunnen. So klein ein Rinnsal auch ist – kaum plätschert es in ein Becken, ist auf engstem Raum für Bewegung, Lichtreflexe und eine Geräuschkulisse gesorgt. Wandbrunnen gibt es von schlicht-elegant bis hin zu pseudogriechisch oder -römisch mit wasserspeiendem Löwenkopf.

Größer sind Wasserspiele ohne offene Wasserfläche, die am Beet- oder Terrassenrand ihren Platz finden. Dazu gehört ein unterirdisches Wasserbehältnis, das mit Stahlgitter und Kieseln oder Ähnlichem abgedeckt wird. Das Wasser sprudelt durch die Kiesel nach oben und

läuft in den Tank zurück. Etwas größer wirkt es mit einer überlaufenden Amphore. Solch ein Wasserspiel plätschert wunderbar und ist dabei kindersicher.

Ausgesprochen eindrucksvoll sind Brunnen- und Teichbecken. Bis zu einer Fläche von 10 m² optiere ich für den erhöhten Brunnen: Auf seiner Umrandung kann man sitzen, er fällt stärker ins Auge und fordert den Betrachter zur Interaktion heraus. Bei einer noch größeren Fläche wird ein Becken zur baulichen Herausforderung, was dann doch für den klassischen Teich spricht. In beiden Fällen ist die Platzierung sorgfältig zu bedenken: Was wird sich darin spiegeln? Können Tiere hinein- und vor allem wieder hinausgelangen? Bietet sich in der Nähe ein Sitzplatz an?

Wichtig ist weiterhin die Frage, welche Wasserpflanzen gewünscht sind – schließlich können diese einen großen Beitrag zur Gesamtwirkung leisten. Seerosen sind perfekt bei unbewegter Wasseroberfläche. Das Plätschern und der Wellenschlag einer kräftigen Fontäne hingegen sagen ihnen gar nicht zu. Sauerstoffspender wie die Große Wassergirlande (*Lagarosiphon major*) sind wichtig, um das Wasser klar und mit Sauerstoff versorgt zu halten. Etliche spektakuläre Pflanzen fühlen sich in einer extra eingerichteten Flachwasserzone wohl. Elegant kommt zum Beispiel die Schwanenblume (*Butomus umbellatus*) daher. Dolden mit kleinen rosa Blüten erscheinen an bis 1 m hohen Stängeln. Das grasartige Laub unterstreicht die grazile Wirkung. Farbdrama garantiert die Kardinals-Lobelie (*Lobelia cardinalis*) der Sorte 'Queen Victoria'. Diese anpassungsfähige Staude gedeiht im Erdreich wie im Wasser und zeichnet sich durch glänzendes, schwarzrotes Laub und blutrote Blüten aus.

Aus- und Durchblicke

Sie denken vielleicht, dramatische Ausblicke und lange Blickschneisen seien großen Parkanlagen vorbehalten, doch das ist ein Irrtum: Sie sind im kleinsten Garten möglich. Es reichen bereits 10 m für eine Blickachse aus, Sie müssen nur ein paar gestalterische Tricks anwenden. Der gerade Weg durch Ihren Garten erscheint Ihnen vielleicht nicht wie eine dramatische Sichtachse, doch platzieren Sie an seinem Ende eine Skulptur oder eine Vase und lassen Sie den Weg in seinem Verlauf minimal schmaler werden – schon erscheint er deutlich länger. Ein anderer Trick sind auf einer Linie liegende Fenster in Hecken, Rankgittern oder Holzwänden, die den Garten unterteilen: Schon ergibt sich eine Blickachse oder ein Ausblick in die Ferne. Steigern Sie die Wirkung, indem Sie für ein Blickziel sorgen. Perfekt umgesetzt ist dieser Trick im Old Vicarage Garden in East Ruston, Norfolk (England). Spaziert man hier die Heckenwege entlang, kann man eine Folge runder Heckenfenster entdecken, durch die in 2 km Entfernung ein Leuchtturm auszumachen ist.

Nun verfügt längst nicht jeder über einen großen Garten oder hat einen Leuchtturm in der Nähe. Dennoch kann es mit ein wenig Raffinesse bei der Pflanz- oder Grundstücksplanung möglich werden, Elemente der weiteren Umgebung in die eigene Gestaltung einzubeziehen. Gärtner in Japan üben sich seit Langem in dieser Technik der „geborgten Landschaft“ (Seite 119). Ich habe mir diesen Trick selbst schon etliche Male zunutze gemacht, indem ich Bäume oder Sträucher so setzte, dass sie einen Hingucker im Nachbargarten oder in der weiteren Landschaft rahmten. Das ist nichts Kompliziertes – man pflanzt einfach so, dass Unschönes verdeckt wird, Schönes hingegen sichtbar bleibt. Besonders gut gelang dies in einem Kundengarten in West London. Eine kränkelnde Linde im hinteren Grundstücksbereich musste entfernt werden; der Kunde sorgte sich, dass der Garten dadurch zu einsehbar würde. Ich kletterte eine Weile im Baum umher und stellte fest, dass ohne die Linde etliche Baum- und Strauchkronen bis in 300 m Entfernung sichtbar würden. Seit der Baum gefällt ist, erscheint der Garten fast doppelt so groß wie zuvor.

Selbst im kleinsten Garten lassen sich durch geschickte Unterteilung und durch die Einbindung „geborgter Landschaft“ schöne Durch- und Ausblicke schaffen.

Pflanzgefäße

Pflanzgefäße sind im Garten wesentlich mehr als einfach nur Behältnisse, in denen Pflanzen wachsen. Über Generationen hinweg haben sie ihren Platz in der Formensprache unserer Gärten und gestalteten Landschaften erobert. Durchdacht platziert entwickelt ein solches Gefäß skulpturale Qualitäten, etwa als Blickziel am Ende einer Sichtachse oder als optischer Mittelpunkt einer Beet- oder Pflasterfläche. Bei wiederholter Verwendung wirken schöne Kübel rhythmisierend oder entwickeln sich zum roten Faden der Gestaltung. Bepflanzt entfalten sie schließlich doppelte Wirkung, denn die Pflanzen werden dem Auge näher gebracht und zugleich das Gefäß betont. Container sind außerdem praktisch für alle Pflanzen, die frostfrei zu überwintern sind, sowie für solche, die im vorhandenen Boden nicht gedeihen können, weil sie völlig andere Bedingungen brauchen. Während schon ein einzelner Pflanzkübel beeindrucken kann, entwickelt eine größere Gruppe oft echte Gestaltkraft. Bestens illustriert dies der Eingang zu Great Dixter in East Sussex (England), wo eine Gruppe zahlreicher Gefäße unzählige Pflanzen vorteilhaft präsentiert. Kaum lässt eine Pflanze nach, wird sie mitsamt Topf fortgeräumt und durch eine andere ersetzt. So bleibt dieser Bereich immer frisch und farbenfroh – eine ausgezeichnete Gelegenheit, mit immer neuen Kombinationen von Farben, Formen und Blattstrukturen zu spielen.

Wie auch immer Sie in Ihrem Garten Pflanzgefäße einsetzen, es gilt eine Grundregel: Stimmigkeit ist Trumpf. Ein Durcheinander von Materialien und Stilarten wirkt häufig schlicht irritierend. Entscheiden Sie sich lieber für ein bestimmtes Material, das Sie wieder und wieder verwenden. Pflanztöpfe findet man in allen erdenklichen Materialien, am häufigsten jedoch sind Terrakotta, Ton, Holz, Zinkblech, Fiberglas und Plastik. Alle haben ihre Vor- und Nachteile.

Ein großer Vorteil bepflanzter Kübel ist ihre Mobilität; auch kann man sie zur Jahreszeit passend rasch neu bepflanzen.

Terrakotta ist ein wunderbares Material, das im Laufe der Zeit eine feine Patina aus Salzen, Moos, Flechten und Algen ansetzt und im Nu mit dem Garten verwächst. Problematisch allerdings ist Frost. Da preiswertes Terrakotta oft durch eingedrungenes gefrierendes Wasser gesprengt wird, lohnt es sich, in einen teureren frostfesten Kübel zu investieren.

Holzcontainer sind normalerweise aus Kiefer, Lärche oder Eiche gefertigt. Unbehandelt altern sie zu schönem Silbergrau; alternativ können Sie sie lasieren oder lackieren. Holzcontainer sind relativ kurzlebig, da das Material über kurz oder lang verrottet. Einige Modelle sind mit einer Folie ausgekleidet.

Zinkblech kann – je nach Stärke – langlebiger als Holz sein, wird allerdings oft allzu leicht verbeult. Auch diese Container kann man farbig lackieren oder bereits lackiert kaufen.

Fibreclay ist ein relativ neues Material, eine Mischung aus Fiberglas und Ton. Die Pflanzcontainer gibt es in Blei-, Holz-, Terrakotta- und Steinoptik; ihr Gewicht beträgt nur einen Bruchteil dessen, was ein Tongefäß wiegt. Stellen Sie einen solchen Topf so auf, dass das Wasser abziehen kann, da sein Boden bei dauerhafter Feuchtigkeit brüchig wird.

Ich kann mich nicht entsinnen, jemals Pflanzen in einem Plastiktopf dekoriert zu haben; kurzfristig ist dieses Material brauchbar, doch die UV-Strahlen der Sonne lassen es irgendwann brüchig werden.

Licht im Garten

Die meiste Beachtung schenken wir unserem Garten tagsüber, doch mit wohlplatzierten Leuchten kann er bei Dunkelheit ein ganz eigenes Leben entwickeln. Dank der technischen Neuerungen der letzten Jahre ist eine Gartenbeleuchtung heute nicht nur deutlich einfacher zu montieren, sondern auch viel umweltverträglicher geworden. Die neuen LED-Leuchten erfordern nur einen Bruchteil der Betriebskosten einer konventionellen Leuchte und können Jahrzehnte halten. Ein gutes Lichtkonzept allerdings ist eine Kunst und eine Wissenschaft für sich. Mit ein paar Grundkenntnissen zu den unterschiedlichen Effekten, die sich erzielen lassen, können Sie trotzdem ein eigenes Beleuchtungsschema entwerfen. Grundsätzlich sollten Sie die eigentliche Installation einem Elektriker überlassen.

Erdeinbaustrahler rücken die Gestalt von Bäumen und vertikalen Gartenelementen in den Mittelpunkt, während ihr Licht sanft zum Boden reflektiert wird.

BODENSTRAHLER

Gerichtete Spots und breite Strahler können sparsam im ganzen Garten als Bodenstrahler eingesetzt werden, um formschöne Bäume und Großsträucher in Szene zu setzen. Verwenden Sie zu diesem Zweck Erdeinbaustrahler, die Sie mehr oder weniger senkrecht auf Stamm und Geäst ausrichten. Das Gehölz wirkt dadurch teils als Silhouette, teils als voll ausgeleuchtete Gestalt. Besonders wirkungsvoll ist dies bei Laubgehölzen mit heller Blattunterseite, denn dadurch wird ein Teil des Lichts nach unten reflektiert.

HINTERLEUCHTUNG

Diese Art der Beleuchtung kann großflächig als Streiflicht eingesetzt werden, um großformatige Gehölze als Silhouette zu zeigen, so, als würde die Sonne dahinter untergehen. Sie erreichen dies mit einem großen, aufwärts gerichteten oder waagerecht im Hintergrund einer Bepflanzung streichenden Strahler oder Wandfluter. Richten Sie die Leuchte jedoch nie auf den Betrachter aus.

Durch eine Hinterleuchtung kommen Bäume und dreidimensionale Gartenobjekte als klare, elegante Silhouetten zur Wirkung.

Spotlights rücken formprägnante Pflanzen in den Mittelpunkt, beleuchten Wege und perfektionieren das Raumgefühl im Garten.

SPOTLIGHTS

Mit individuellen Spotlights können Sie einzelne Objekte herausgreifen: eine Statue, eine Vase, eine andere Besonderheit. So klein die Leuchte selbst ist, so groß ist ihre Wirkung. Montieren Sie zwei Spots aus unterschiedlicher Richtung für einen verminderten Schattenwurf auf dem Objekt selbst.

FLUTLICHTER

Flutlichtern fehlt jegliche Raffinesse, sie nehmen dem Garten seine Tiefe und jeden Charme. Wenn Sie den Garten wirklich großräumig ausleuchten müssen, versuchen Sie es mit Leuchten, die Sie seitlich in unterschiedlicher Höhe montieren; dies wirkt ein wenig subtiler als ein Flutlicht an der rückwärtigen Hauswand. Oder experimentieren Sie mit Farben – nicht mit bunten Lampen wie auf dem Rummelplatz, sondern mit sanften Gelb- und Orangetönen oder auch Violett.

DOWNLIGHTS

Hoch montierte, nach unten gerichtete Strahler können für wunderschönes Schattenspiel im Garten sorgen, besonders dann, wenn sie in einer Baumkrone befestigt sind. Zweige und Blätter brechen das von oben kommende Licht und zeichnen interessante Schattenmuster auf den Boden.

UNTERBAULICHTER

Diese Art der Beleuchtung bleibt normalerweise den Garteneinbauten vorbehalten. Die kaum mehr als 5 mm dicken, 15 mm breiten LED-Strips, die es inzwischen gibt, kann man völlig unsichtbar unter Stufenkanten, Teichumrandungen, Sitzflächen und Hochbeetkanten montieren. Sie machen es möglich, sich bei Nacht sicheren Fußes durch den Garten zu bewegen. Zugleich haben sie den Vorteil, dass ihr Licht auf den Boden gerichtet ist, der es warm zurückstrahlt.

DEKORLEUCHTEN

Wenn es Ihnen mehr um die Lichter selbst geht als darum, was sie beleuchten, können durch eine Pergola, einen Baum oder ein Rankgitter geschlungene Lichterketten genau das Richtige sein. Als dezente Terrassenbeleuchtung oder rings um ein Tor, einen Bogen oder ein Gartenhäuschen dekoriert sind sie ebenfalls sehr ansprechend. Charmant sind auch antike Straßenlaternen, doch wählen Sie das Leuchtmittel nicht zu hell, damit der Garten nicht jede Tiefe verliert. Schmale Spießleuchten sind praktisch als Wegbeleuchtung; achten Sie darauf, dass diese nur nach unten strahlen, damit der Garten nicht übermäßig erhellt wird.

Hingucker

Ein Blickfang ist zunächst einmal jedes Objekt, das die Aufmerksamkeit auf sich zieht. Ist er wohlplatziert, kann er aber auch die Schritte des Besuchers durch den Garten lenken. Ein solcher Blickpunkt bietet reichlich Gelegenheit zu beeindrucken. Am unteren Ende der Skala stehen simple Objekte wie Vasen oder Kübel, die so in die Gestaltung eingebunden sind, dass sie neugierig machen. Am oberen Ende der Skala (auch preislich gesehen) stehen Statuen, Skulpturen und raffinierte Brunnenelemente.

Es gibt keine in Stein gemeißelte Regel, welches Objekt für welchen Garten infrage kommt – die Entscheidung liegt ausschließlich bei Ihnen. Für einen eleganten modernen Garten kann eine zeitgenössische Skulptur genau das Richtige sein, für einen eher klassischen Garten eine von Flechten überzogene Statue aus Naturstein. Bevor Sie sich in Unkosten stürzen: Fabrizieren Sie ein 1:1-Modell Ihres Wunschobjekts, um dies probeweise an Ort und Stelle zu platzieren. Danach erst schreiben Sie es auf Ihren weihnachtlichen Wunschzettel!

Ob erschwinglicher Kübel oder wertvolle Skulptur: Ein Glanzpunkt konzentriert die Aufmerksamkeit, er lockt und dirigiert.

Farbe

Wow-Effekte im Handumdrehen lassen sich mit Farbeimer und Pinsel erzielen. Doch hier ist gute Planung wichtig, damit eilig ausgewählte und aufgebrachte Farbe nicht den ganzen Garten billig wirken lässt und so viel Aufmerksamkeit beansprucht, dass die subtileren Gartenelemente übersehen werden.

Welche Farbe in Ihrem Garten richtig ist, wird durch etliche Faktoren beeinflusst. Ein solcher Faktor sind die Lichtverhältnisse. Nördliche Breitengrade liegen einen Großteil des Jahres in sanftem Licht, das sich nach weit verbreiteter Meinung lediglich mit hellen, subtilen Farbtönen wie Sandfarben, Hellrosa und zartem Blau verträgt. Zu bedenken sind auch die im Garten vorhandenen Baulichkeiten: Passt die ausgewählte Farbe zu den verbauten Ziegeln, zum Naturstein und den Holzelementen? Und wie versteht sie sich mit den Pflanzen, die letztlich den größten Teil Ihres Gartens ausmachen?

Am einfachsten besorgen Sie sich Probedosen der anvisierten Farben, genau wie bei einem geplanten Innenanstrich. Streichen Sie ein paar Holzabschnitte in diesen Farben an und stellen Sie sie auf. Sind die Farben so knallig, dass sie alles übertönen? Oder korrespondieren sie mit versteckten Farbtönen der umgebenden Pflanzen und Einbauten? Verschwinden sie in ihrer Umgebung? Wie wirken sie mittags, wie in der Dämmerung? Probieren Sie herum, um ein Gespür dafür zu bekommen, was in Ihrem Garten funktioniert; es gibt jedoch ein paar Grundprinzipien, die Ihnen helfen, bestimmte gewünschte Resultate zu erzielen.

Schon ein kleines bisschen Farbe kann einen Gartenraum zum Leben erwecken.

IM COTTAGEGARTEN-LOOK

Das Motiv des Cottagegartens ist tatsächlich aus der Fantasie geboren, um dann durch Romanzen zwischen Buchdeckeln und Kinderbücher verfestigt zu werden – und zwar in einem solchen Maße, dass wir dazu inzwischen feste Regeln verinnerlicht haben: Pflanzenfülle, halbwilde Anmutung, Rosen über Rosen und Schnittblumen en masse. Die mit dieser Fantasievorstellung verbundenen Farben wurden im Laufe der letzten 100 Jahre durch Schaugärten immer weiter festgelegt – eine in all jenen Regionen, in denen die Sonne nur für wenige Monate hoch am Himmel steht, gut verwendbare Farbpalette. Diesen Cottagegarten-Look erzielen Sie mit pastelligen Versionen praktisch jeder Farbe des Regenbogens – mit blassem Blaugrün, Zartblau, Rosé, Schlüsselblumengelb, zartestem Apricot und gedämpftem Violett. All diese Farben lassen sich problemlos kombinieren und heben verwandte Töne sanft hervor, wohingegen warme Farben und Primärfarben sich intensiv dagegen absetzen.

AUS DEN AUGEN DAMIT

Werkzeugschuppen und Mülltonnenboxen sind ein notwendiges, aber nicht unbedingt dekoratives Übel. Natürlich können Sie sie mit Pflanzen kaschieren, aber Farbe kann ebenfalls helfen. Um einen Zaun oder einen Schuppen verschwinden zu lassen, wählen Sie tiefe, dunkle, matte Farben. Düsteres, fast schwarzes Grün ist hervorragend, denn dieser Farbton ist charakteristisch für Blätter im Schatten – alles, was Sie so anstreichen, rückt optisch in den Hintergrund. Richtiges Schwarz kann auch funktionieren, solange es matt ist, allerdings sind Staub, helle Schrammen und alles, was in Spinnweben hängen bleibt, gut darauf zu sehen.

TROPENFEELING

Für ein Tropenfeeling im mitteleuropäischen Garten müssen Sie schon mit ziemlich starken Farben aufwarten. Viele Gestalter sind der Meinung, dieses gehöre sich nicht bei unserem Licht. Doch wenn ich behaupte, es gebe eine Reihe kräftigerer und sehr wohl geeigneter Farben, spreche ich aus Erfahrung. Dies sind keine grellen Primärfarben, sondern ihre Nachbarn – frisches Gelbgrün, gedämpftes Orange, abgetöntes Violett, Neonpink …

SCHICK UND MODERN

Beim modernen Design steht die Reduktion auf das Wesentliche im Mittelpunkt, und Farbe ist von dieser Sparsamkeit nicht ausgenommen. Helle, neutrale Farbtöne muten schlicht-elegant an. Grauabstufungen funktionieren immer und sind ein guter Hintergrund für jegliche Pflanzenfarbe. Taupe, Sandstein und Khaki sind ebenfalls Treffer. Diese Farben erzeugen selbst keine überwältigende Wirkung, sondern lassen den davor platzierten Pflanzen den Vortritt.

Zu Zeiten Queen Victorias

Das Viktorianische Zeitalter ist nicht nur für seine düsteren Interieurs bekannt, sondern zeichnete sich zugleich im Außenbereich durch grellbunte Teppichbeete aus. Stichwort Wechselflor: Schreiendes Rot, Blau, Gelb und Orange wurden hier auf eine Weise kombiniert, wie man es heute aus Rücksicht auf den guten Geschmack nie wagen würde. Bringt man jedoch die eine oder andere Farbe viktorianischer Innenräume nach draußen, kann sich eine ausgesprochen subtile Wirkung ergeben. Smaragdgrün, Burgunderrot, Senfgelb, Marineblau und Indigo peppen den Garten unserer Breitengrade wunderbar auf: Weder drängen sie sich in den Vordergrund noch verschwinden sie in den Kulissen. Ein wenig Vorsicht ist dennoch angesagt – mit einer ganzen Scheune in Senfgelb könnten Sie es doch ein wenig zu weit treiben.

Bauliche Elemente auffrischen

Am Beginn jeder Gartenrenovierung steht auch eine Begutachtung der vorhandenen Baulichkeiten – Wege, Zäune, Mauern und andere Elemente. Je nachdem, ob die Renovierung in eine komplette Neugestaltung mündet oder nicht, werden diese baulichen Elemente entfernt, beibehalten oder mehr oder weniger stark überarbeitet. An erster Stelle steht immer die Frage, ob sich die Wege, Treppen, Bauten usw. an dem für Sie richtigen Ort befinden. Falls nicht, hilft Ihnen das ab Seite 12 beschriebene Vorgehen bei der Umgestaltung. Sind Sie jedoch mit dem vorhandenen architektonischen Gerüst zufrieden, finden Sie hier eine kleine Anleitung, wie es sich auffrischen lässt.

Pflaster auffrischen

Witterung und jahrelanger Gebrauch können auf Pflasterflächen Spuren hinterlassen – oft jedoch lassen sich diese recht problemlos beseitigen.

ALGENWUCHS

Ziegel-, Beton- und Steinpflaster neigen dazu, Feuchtigkeit zu halten; in der Folge entsteht Algenwuchs, der diese Oberflächen gefährlich glatt werden lässt. Dieses Problem können Sie auf zweierlei Weise angehen. Mit einem Hochdruckreiniger lassen sich Algen gut entfernen, allerdings nicht ohne Sie und die Umgebung ein wenig in Mitleidenschaft zu ziehen. Wenn es damit nicht klappt, können Sie flüssigen Algenentferner aus dem Baumarkt oder Landhandel besorgen und diesen laut Packungsangabe mit der Gießkanne ausbringen; die Algen trocknen innerhalb weniger Stunden ein und können abgebürstet oder abgespült werden. Achten Sie auf biologisch abbaubare Produkte und eine räumlich begrenzte Anwendung.

PFÜTZENBILDUNG

Pfützen auf der Pflasterfläche zeigen an, dass der Belag ohne das nötige Gefälle oder sogar ungleichmäßig verlegt wurde. Hebeln Sie die betreffenden Platten heraus. Handelt es sich um mit Mörtel verfugte Flächen, schneiden Sie zuvor mit einem Winkelschleifer (den können Sie im Baumarkt mieten) die Fugen auf – tragen Sie dabei unbedingt die nötige Schutzkleidung. Klopfen Sie anhaftende Mörtelreste mit Hammer und Meißel ab. Verlegen Sie die Platten auf fünf frischen Batzen Mörtel neu, sodass das Gefälle nun stimmt, und verfugen Sie gegebenenfalls wieder mit Mörtel.

Schadhafte Mörtelfugen

Eindringendes Wasser und Frost können dazu führen, dass der Fugenmörtel zwischen Steinplatten, Pflastersteinen oder Ziegeln reißt und herausbricht. Klopfen Sie die Mörtelreste mit Hammer und Meißel heraus und verfugen Sie neu mit Fugenkelle und einer mageren Zementmischung (Sand:Zement im Verhältnis 6:1). Glätten Sie den Fugenmörtel entweder konkav mit einem alten Schlauchstück oder konvex mit der Kelle.

VERUNKRAUTETE FUGEN

Dieses immer wieder auftretende Problem kann auf verschiedene Weise angegangen werden. Handjäten hilft, ist aber zeitaufwendig. Auf der anderen Seite greifen Sie das Unkraut beim Jäten ganz gezielt an, kein Insekt kommt „nebenbei“ zu Schaden. Die Alternative aus dem Baumarkt ist da rabiater: Ein Unkrautflämmer verwandelt Unkraut – und Tiere in den Fugen auch – ruckzuck in Asche. Es gibt Modelle mit Gaskartusche und auch elektrische. Umweltfreundlicher ist die Verwendung einer Fugenbürste.

GEBROCHENE PLATTEN

Sollten Sie während der allgemeinen Renovierungsarbeiten Reserven an Pflastermaterial entdecken, legen Sie diese gut beiseite, damit Sie für eventuelle Reparaturen Ersatz haben. Ersatzplatten neu kaufen zu wollen ist meist ein utopisches Unterfangen, und selbst wenn Sie dabei erfolgreich sein sollten, fügen sich solche Platten niemals unauffällig ein – sie werden immer als „neu“ herausstechen. Eine gebrochene Stein- oder Pflasterplatte, die abseits der eigentlichen Verkehrswege liegt, können Sie ganz herausnehmen, um zur Auflockerung der Fläche einen kleinen Bodendecker einzufügen. Versuchen Sie möglichst wenig vom Pflaster-Unterbau zu zerstören, damit benachbarte Platten nicht instabil werden. Für ein kleines Thymian-Polster reicht die Aussparung allemal. Eine solche Pflanznische am Rande ist auch ein guter Trick, um an eine Ersatzplatte für eine prominentere Stelle zu kommen.

LOSES PFLASTER

Wackelnde Pflastersteine und Gehwegplatten sind nervig und gefährlich, und irgendwann brechen sie vielleicht sogar. Nehmen Sie sie auf, um dort entweder einen Bodendecker zu setzen, wie bereits links vorgeschlagen, oder um sie wie bei „Pfützenbildung“ auf der gegenüberliegenden Seite beschrieben neu zu setzen.

Kiesflächen auffrischen

Zierkies ist eine schöne natürliche Oberfläche für Gartenwege, Terrassen und auch Beete. Der Nachteil des losen Materials ist, dass es gern wandert – so kann die Kiesauflage an Stellen mit viel Fußverkehr dünn werden. Auch Unkraut fühlt sich darin wohl. Um all dies sollte man sich beizeiten kümmern, damit es sich nicht zum Problem auswächst.

GEMISCHTER KIES

Ausgesprochen unattraktiv ist eine Fläche, die im Laufe der Jahre mit immer wieder anderem Kies bestreut wurde. Ein Gemisch aus 20-mm-Flusskies, Quarzsplitt und dunklem Granitschotter ist nicht gerade schön anzusehen. Dies in Ordnung zu bringen kostet zwar einiges an Zeit und Geduld, doch der Aufwand lohnt sich: Sieben Sie den Kies mit unterschiedlichen Sieben – Kompostsieb, Hühnerdraht, Drahtgitter –, bis Sie die unerwünschten Korngrößen und -typen aussortiert haben.

KAHLSTELLEN

Mit Kahlstellen auf viel begangenen Wegstrecken gehen oft dickere Lagen Kies am Rande der Fläche einher, wo sich der lose Belag im Laufe der Zeit gesammelt hat. Hier ist nichts weiter zu tun, als den Kies mit einer Harke umzuverteilen – unter Umständen ist das eine Aufgabe, die Sie immer mal wieder in Abständen erledigen müssen. Reicht die Kiesmenge dafür tatsächlich nicht, nehmen Sie eine Probe Ihres Kieses mit zum Baustoffhändler und versuchen, diese dort zu identifizieren und entsprechend nachzukaufen, um das vorhandene Material in Ihrem Garten zu ergänzen. Oder Sie nutzen Internetseiten zur Bestimmung Ihres Kiestyps.

Unkraut im Kies

In Kieselbelag sammelt sich im Laufe der Zeit eine Mischung aus angewehtem Staub, Sand und Bodenpartikeln, die schließlich diversen Samen ein nahezu perfektes Saatbett bietet. Aufgewachsene Kräuter können Sie per Hand ziehen, wobei eine Handgabel hilfreich ist. Für die Zukunft lässt sich auf unterschiedliche Weise vorbeugen. Gehen Sie alle paar Wochen mit der Hacke durch und schuffeln Sie alles, was sich blicken lässt, ab, bevor es sich festsetzt. Sollte der Kies unmittelbar auf den Erdboden aufgebracht sein, können Sie ihn abtragen, um dann etwa 10 cm Boden auszuheben, die Fläche mit Dränagevlies auszulegen und Schotter einzufüllen. Auf dem mit einer Rüttelplatte (können Sie im Baumarkt ausleihen) verdichteten Schotter wird der Kies dann wieder verteilt. Dieser Unterbau reduziert massiv die Anzahl der keimenden Pflanzen.

Kiesoberflächen sind schön, solange sie gepflegt werden – kahle Stellen und Unkraut dagegen sind weder attraktiv noch praktisch.

Holzzäune auffrischen

Ob Staketen-, Jäger- oder blickdichter Bretterzaun: Holzzäune sind beliebt zur Einfriedung von Grundstücken. Sie sind rasch montiert und erfüllen ihren Zweck hervorragend, leiden allerdings unter der Witterung. Holz muss vor Regen, Schnee und Feuchtigkeit geschützt werden, damit es nicht verrottet. Holzwänden setzt auch der Wind zu. Ist eine Reparatur irgendwann nicht mehr möglich, führt kein Weg an einem Ersatz vorbei.

Selbst bei regelmäßiger Pflege hat ein Nadelholzzaun nur eine begrenzte Lebensdauer – nach rund 20 Jahren muss er meist ersetzt werden.

INSTABILE ZAUNFELDER

Ein wackliges Zaunfeld lässt sich einfach ersetzen, Sie brauchen nur passenden Ersatz vom Gartencenter oder Bau- bzw. Holzmarkt. Wenn Sie den gesamten Zaun mit einer dunklen Lasur oder Farbe versehen, fällt das neue Holz nicht auf.

KAPUTTE LATTEN

Kaputte oder angerottete Zaunlatten können durch Standardlatten aus dem Holzhandel ersetzt werden. Bei ungewöhnlichen Latten lassen Sie sich passenden Ersatz vom Tischler fertigen.

MORSCHE PFOSTEN

Beginnen erst die Zaunpfosten zu rotten, halten die Zaunfelder meist auch nicht mehr lange durch – da heißt es Zähne zusammenbeißen und alles komplett ersetzen. Ich durfte mich bereits mehrmals damit auseinandersetzen und konnte feststellen, dass selbst besorgtes Material oft genauso viel kostet, wie den gesamten Zaun vom Fachunternehmen errichten zu lassen. Daher habe ich mir immer die Mühe gespart und Fachleute engagiert.

Holzdecks auffrischen

Dank der Vorher-Nachher-Gartensendungen im Fernsehen der 1990er-Jahre ist heute mehr Gartenfläche unter Holzbohlen verschwunden als je zuvor. Eine Holzterrasse ist wunderbar warm und angenehm unter den Füßen, doch wenn man sie länger als ein Jahr sich selbst überlässt, kann sie lebensgefährlich werden.

Es dauert gar nicht lange, bis ein ungepflegtes Holzdeck durch Grünbeläge glitschig geworden ist.

MOOS UND ALGEN

Ein ungepflegtes Holzdeck kann es an Glätte mit einer Schlittschuhbahn aufnehmen. Manch einer heftet Hühnerdraht darauf, damit die Fläche Haftung bietet, doch damit ist für mich die ganze Ästhetik dahin. Die einfache Lösung ist Pflege im Jahresturnus. Mit einem niedrig eingestellten Hochdruckreiniger lassen sich hochwertige Planken aus Hartholz von Moos und Algen befreien. Falls nötig können Sie biologisch abbaubaren Algenentferner für den Garten einsetzen, der den grünen Schlick zusätzlich abtötet.

MORSCHE PLANKEN

Zeigen sich bei einem Holzdeck erste morsche Planken, kündigt dies normalerweise sein Ende an. Ein morsches Deck birgt ernsthafte Verletzungsgefahr, wie ich selbst bereits feststellen musste. Ersetzen Sie also das komplette Deck durch neues vernünftiges, druckimprägniertes Nadelholz oder aber – sofern Sie es ermöglichen können – durch Laubholz, denn dieses hält bei guter Pflege ein Leben lang.

STOLPERFALLEN

Hin und wieder rosten und brechen Deckschrauben, sodass einzelne Planken hochkommen. Schrauben Sie diese wieder gut fest – die passenden Schrauben erhalten Sie im Baumarkt oder Eisenwarenhandel.

STUFEN AUFFRISCHEN

Eine wacklige oder gebrochene Stufe sollte erste Priorität auf Ihrer Reparaturliste bekommen, denn hier lauert echte Gefahr. Legstufen aus Stein- oder Betonplatten werden genauso verlegt wie lose Pflasterplatten (Seite 209).

Ziegelstufen sind schwieriger, hier sollten Sie eventuell einen Profi heranziehen. Ist die Vorderkante einer Naturstein- oder Ziegelstufe beschädigt, können Sie die Abdeckung eventuell andersherum neu verlegen, sodass die schadhafte Kante unsichtbar hinten liegt.

Moos und Algenwuchs behandeln Sie auf Treppenstufen genauso wie auf Pflasterflächen (Seite 208).

Mauern auffrischen

Wer in seinem neuen alten Garten eine Mauer vorfindet, darf sich glücklich schätzen. Je nach Ausrichtung schenkt sie Windschutz, Schatten oder Strahlungswärme. Mauern sind oft die langlebigsten Gestaltungselemente, doch auch sie können langsam und fast unbemerkt brüchig und schließlich zu einer Gefahr werden. Falls Sie auch nur den geringsten Zweifel an der Stabilität Ihrer Mauer haben, lassen Sie sie fachkundig begutachten.

BRÖSELNDE FUGEN

Zu mager angemischter Mörtel oder ständig gegen die Mauer schlagender Regen können dazu führen, dass Mörtel bröselt. Hat dies erst einmal begonnen, setzt der Frost nach – eindringendes Wasser gefriert und dehnt sich aus, bis schließlich Mauersteine und Mörtel brechen. Gehen Sie dagegen vor, indem Sie sämtlichen losen Mörtel herauskratzen und die Fugen in dem betroffenen Mauerabschnitt sorgfältig neu füllen (feiner Sand:Zement im Verhältnis 6:1).

LOSE MAUERSTEINE

Beginnt der Mörtel, der die Mauersteine aufeinanderhält, zu bröseln, gehen Sie vor wie oben beschrieben. Ist der Schaden bereits umfassend und Steine beginnen sich zu lösen, kann es kostengünstiger sein, einen Maurer zu beauftragen.

UNKRAUT

Ritzen in den Fugen von Mauerkronen und -flächen füllen sich nach und nach mit anfliegenden Bodenpartikeln, bis darin die Samen von Gräsern und gar Birken keimen. Je größer dieses „Mauerunkraut“ wird, desto dicker werden seine Wurzeln, bis die Mauerritzen zu Spalten erweitert sind. Beim Herausziehen können sie der Mauer zusätzlichen Schaden zufügen, weshalb ich in solchen Fällen tatsächlich einem direkt und so kleinflächig wie möglich aufgetragenen chemischen Unkrautvernichter den Vorzug gebe.

So romantisch eine alte Mauer im Garten auch ist – überprüfen Sie sie auf Standfestigkeit.

Gartenarbeiten im Jahreslauf

	FRÜHLING			SOMMER	
	Anfang	Mitte	Ende	Anfang	Mitte
Neupflanzung: Containerware	✓	✓	✓	✓	✓
Neupflanzung: wurzelnackt	✓	✓			
Säen: Einjährige	✓	✓	✓	✓	
Säen: Stauden	✓	✓	✓		
Säen: Zweijährige				✓	✓
Umpflanzen: Bäume und Sträucher	✓				
Umpflanzen: Stauden	✓	✓	✓		
Umpflanzen: Zwiebeln				✓	✓
Teilen: Stauden	✓	✓	✓		
Vermehren: Samen sammeln				✓	✓
Vermehren: Winterstecklinge					
Gehölzschnitt: Bäume	✓	✓	✓	✓	✓
Gehölzschnitt: Äpfel					
Gehölzschnitt: Kirschen				✓	✓
Gehölzschnitt: Immergrüne	✓	✓	✓		
Gehölzschnitt: Hecken					✓
Gehölzschnitt: Krone verkleinern	✓	✓	✓	✓	✓
Gehölzschnitt: Krone auslichten	✓	✓	✓	✓	✓
Gehölzschnitt: Krone anheben	✓	✓	✓	✓	✓
Gehölzschnitt: Verjüngen	✓	✓	✓	✓	✓
Rosenschnitt: Teehybriden	✓	✓			
Gehölzschnitt: früh blühende Sträucher				✓	
Unkräuter identifizieren und jäten	✓	✓	✓	✓	✓
Teich aufräumen					
Einbauten auffrischen	✓	✓	✓	✓	✓
Layout überdenken	✓	✓	✓	✓	✓
Rasen: Düngen, Unkraut und Moos vernichten	✓	✓	✓		
Rasen: Säen	✓	✓	✓	✓	✓
Rasen: Fertigrasen verlegen	✓	✓	✓	✓	✓
Boden: Bodenanalysen durchführen	✓	✓	✓	✓	✓
Boden: Verbessern	✓	✓	✓	✓	✓
Beete und Rabatten: Düngen	✓	✓	✓	✓	✓
Holländern	✓	✓	✓	✓	✓
Mulchen	✓	✓		✓	✓

	HERBST			WINTER (sofern frostfrei)		
Ende	Anfang	Mitte	Ende	Anfang	Mitte	Ende
✓	✓	✓	✓			✓
			✓	✓	✓	✓
						✓
✓	✓					
			✓			✓
		✓	✓			✓
✓						
✓	✓	✓	✓			
				✓	✓	✓
✓	✓	✓	✓	✓	✓	✓
			✓	✓	✓	✓
✓	✓					
✓	✓	✓	✓			
✓	✓					
✓	✓					
✓	✓					
						✓
✓	✓	✓	✓	✓	✓	✓
	✓	✓				
✓	✓	✓	✓	✓	✓	✓
✓	✓	✓	✓	✓	✓	✓
	✓	✓				
✓	✓					
✓	✓	✓	✓			✓
✓	✓	✓	✓	✓	✓	✓
✓	✓	✓	✓			
✓	✓	✓				✓
✓	✓	✓	✓	✓	✓	✓
✓	✓	✓	✓			

Register

D

E

F

G

H

I

J

K

L

M

N

O

P

Q

R

S

T

U

V

W

Y

Z

Fotonachweis

Titelfoto: GAP Photos/Nicola Stocken – Four Aces

Alle Fotos stammen von Jonathan Buckley, ausgenommen die im Folgenden aufgeführten. Mit einem Sternchen (*) gekennzeichnete Fotos stammen von GAP photos www.gapphotos.com.

u = unten, o = oben, l = links, r = rechts, M = Mitte, K = Kreis

23 l: *Maxine Adcock
24 M: Peter Cassidy
25 or: Peter Cassidy
36 ul: *Visions
39 or: *Howard Rice
47 l: *Pernilla Bergdahl
49 ur: *Howard Rice
53 ul: *Heather Edwards
54 ul: *Jason Smalley
55 uM: *Richard Loader
58/59: *Howard Rice
71 *Pernilla Bergdahl
78 oM: *Howard Rice
106/107: *Nicola Stocken
109: *John Glover
110: *J S Sira
111: *Howard Rice
112: *Christa Brand
113 or: *Marcus Harpur
113 ul: *Elke Borkowski
114: *Heather Edwards
115: *Marcus Harpur
119 o: *Jonathan Need
130/131: *Robert Mabic
141: *Carole Drake
159 ur: *Pernilla Bergdahl
160/161: *Carole Drake
166 M: *Howard Rice
167: *Howard Rice
168: *Oliver Mathews
169 u: *John Glover
171 M: *Nicola Stocken
171 u: *Geoff du Feu
173: Ko: *Martin Hughes-Jones
173 ur: *Richard Bloom
174 o: *Martin Hughes-Jones
174 u: *Howard Rice
175: *Marcus Harpur
178 o: *Dave Beva
178 u: *Tommy Tonsberg
179: *Elke Borkowski
181 o: *Christa Brand
181 u: *Martin Hughes-Jones
182 u: *Rob Whitworth
183: *Dianna Jazwinski
184: *GAP Photos
185 M: *Pernilla Bergdahl
185 r: *Jarry Harpur
186: *Howard Rice
188/189: *Richard Bloom
200 o: *Elke Borkowski
200 u: *Nicola Stocken
201: *Clive Nichols
204: *Steven Wooster
205 o: *Christa Brand
205 u: *Fiona McLeod
206/207: *J S Sira

Danksagung

Ein Riesendankeschön an …

Alan Gray und Graham Robson, in deren herrlichem Old Vicarage Garden in East Ruston (Norfolk, England) wir nach Herzenslust fotografieren durften; Mark Holman von The Palace Gardener für Fototermine und Zugang zu seinen Gärten in London; Stefan und Gosia Turnbull für Fotogelegenheiten in ihrem Garten; Suha Aranki, meine wunderbare „Ersatzmutter“ – dafür und für Fotogelegenheiten in ihrem Garten; Sue Richardson für Fotogelegenheiten in ihrem Garten, für ihre Freundschaft und ihren absolut verlässlichen Rat; Sharon Perez für Fotogelegenheiten in ihrem Garten, für ihre Freundschaft und dafür, dass sie die beste Assistentin ist, die man sich nur wünschen kann; Mary Ellen Taylor für Fotogelegenheiten in ihrem Garten, für ihre wunderbare Freundschaft, ihr immer offenes Ohr und guten Rat; Will Tubby für Fotogelegenheiten in seinem Garten, für seine Freundschaft und seine Genialität; meine Mutter für ihre nicht wankende Unterstützung und ihren scharfen Blick beim Korrekturlesen; meinen Vater und Rose, die mir ihr Schreibzimmer zur Verfügung stellten und mich moralisch mächtig unterstützten; Jonathan Buckley für seine Weltklassefotos und reichlich Spaß; Tom Brown und Lady Emma Barnard für Zugang zu den wunderbaren Gärten von Parham House; Judith Hannam, meine Lektorin, die alle Fäden in der Hand hielt; Jenny Semple für die sorgfältige Gestaltung und das Layout; Alyson Hamilton für ihre bezaubernden Illustrationen und ihre Freundschaft; die Growing Friends des Chelsea Physic Garden – Charlotte, Sally, Mary-Ellen, Penny und Alison – für ihre Inspiration.

Ewigen Dank an Rosemary Alexander, Chris Brickell, Christopher Bailes, Lady Amabel Lindsay, Kemal Mehdi, Ivan Tatum, Dick Scott, Doug McMurtry, Paolo Proto, Sharon Fisher, Lucy Hall, Kevin Smith, Clare Foggett, Simon Caney und Kyle Cathie, die alle an mich glaubten.

Herzlichen Dank für ihre Unterstützung an Katy Willimer, Rose Lowe, Valanna Quaile, Olivia Bailey, Clementina Immerzi, Veronika Rasickaite, Herve Moquet, Lloyd Bailey, Pia Ostlund, Dan Hedley, Mary-Ellen Taylor, Alex Walpole, Nell Jones, Andrew Mills und Sharon Perez.